Johanna Wechselberger
Tobias Hierl

Das Kaffeebuch

für Anfänger, Profis und Freaks

braumüller

Bibliografische Information der Deutschen Nationalbibliothek
Die Deutsche Nationalbibliothek verzeichnet diese Publikation in der Deutschen Nationalbibliografie; detaillierte bibliografische Daten sind im Internet über http://dnb.d-nb.de abrufbar.

Quellennachweis:
Fotografien: Michael Himml, A-1160 Wien (IV unten, 3, 7, 8, 9, 31 oben, 39 rechts, 40 unten, 41, 44, 52–54, 56 oben, 63, 65, 73, 74 oben, 79, 81 oben, 83 oben, 95, 107–109, 111, 114–119, 120 oben, 121–124, 126–132, 134, 136–140, 142, 144–147, 149–153, 155 unten, 156–159, 164–165, 193)
Rezeptfotos von Mathias Cimzar (167–183); iSi GmbH (184–185)

Der Verlag und die Autoren bedanken sich noch bei folgenden Personen und Institutionen für die Zurverfügungstellung von Bildmaterial:
Johanna Wechselberger; animalphotos.info / denn (11); Yuri Arcurs / Fotolia (70); Fa. Bunn / Mike Khan (89); Fa. Cafemakers / Andrew Hetzel (24, 57, VI–I); Fa. ECM (103 o.); Fa. Caffemotive S.P.A. (100–101); Espressi, Inc. (103 u.); Fa. Genecafe (60 re.); Hario(T) (84); Monika Wiesner (85, 93, 94, 95 o.); Bestbrew (83); Fa. Hot Top (60 li.); Fa. Illy (81 u., 104); Dominique Hammer (65, 74, 78, 111, 114, 120, 122, 164) Fa. Intelligentsia / Geoff Watts (20, 22, 23); © by Jura Elektroapparate AG (103 M.); Fa. La Pavoni (102); Fa. Mahlkönig (75 li.); Enrico Maltoni Collection (96, 97); Fa. Mazzer (75 re.); Fa. Melitta Gruppe (82 u.); Fa. Nespresso (105 li. und u., 148); Mark Prince (60 u.); Fa. Russell Hobbs (83 M., u.); Fa. Tchibo (105 re.); Fa. Walküre / Luca Siermann (82 o.); Wikimedia (50); Glenn Watson (162)
sowie bei
Trade Aid New Zealand; Jeremy G. B. Grogono; Mattias Björklund; www.sustainableharvest.com; Perrys Karavas; Tasos Delichristos; Theodor Zus, Franz Grünwald; Anette Moldvaer, Square Mile Coffee Roasters; Gwylim Davis; Alexandre Gonzaga; Probat; Stefan Hackl, Konditorei Sturmberger

6. erweiterte und aktualisierte Auflage 2016

Servitengasse 5, A-1090 Wien

www.braumueller.at

Coverentwurf, grafisches Konzept und Ausarbeitung Innenteil: reiter ad work, A-8010 Graz
Coverfoto: Dominique Hammer
Umschlagfotos hinten: Michael Himml (1, 2, 3, 5); Dominique Hammer (4)
Logo „Kaffeebohne" und „Kaffeetasse", Entwurf zum Schmuckbalken sowie Grafiken auf den Seiten 13, 31 u., 74 u., 86, 88: Johanna Wechselberger
Druck: Gorenjski tisk storitve, SI-4000 Kranj
ISBN 978-3-99100-045-7

Vorwort

Der Kaffeeverbrauch in Deutschland, Österreich und der Schweiz steigt ständig an. Das ist leicht zu erklären, denn Kaffee gilt heute nicht nur als anregendes Getränk, sondern als Genussmittel, das sich auch stilvoll konsumieren lässt.
Davon zeugt etwa das vermehrte Interesse an der Herkunft der Bohnen, speziellen Sorten und der Möglichkeit, auch zu Hause einen guten Espresso zu produzieren. Hier wollen wir Ihnen alle nur mögliche Unterstützung bieten.
Unser Buch soll Sie in die Welt des Kaffees einführen. Sie erfahren ein wenig Geschichte, bekommen einen Überblick über die Anbaugebiete, die typischen und die exklusiven Sorten und erfahren, wie Kaffee überhaupt geerntet wird – und dann geht es direkt ans Werk. Ausführlich werden die Röstvorgänge beschrieben, das Mahlen und die Extraktion. Wir wollen für Einsteiger genauso interessante Informationen bieten wie für versierte Kaffeekenner. Deshalb bietet jedes Kapitel einen sanften Einstieg, hat aber auch viel für Kaffee-Profis zu bieten. Die einen bekommen dadurch Einblicke in die Welt der Kaffeeenthusiasten, die anderen finden Tipps und Anregungen. Selbst viele professionelle Gastronomen und Baristi können oft mehr und vor allem besseren Kaffee verkaufen, wenn sie einige der hier aufgeführten Ratschläge befolgen.
Steigen Sie also ein in die Welt des Kaffees, erleben Sie den Weg von der Pflanze in die Tasse. Versuchen Sie sich vielleicht selbst einmal an einer eigenen Röstmischung und werden Sie kreativ mit Latte Art. Eine Einführung bekommen Sie hier: Lernen Sie, was jeder Barista können und wissen soll, und noch ein bisschen mehr.
Wir wünschen Ihnen dabei viel Vergnügen und genussreiche Augenblicke.

Johanna Wechselberger und Tobias Hierl

P.S.: Für alle, die es noch genauer wissen wollen: Noch mehr detaillierte Informationen finden Sie im Internet unter **www.braumueller.at/kaffeebuch**.

Inhalt

Kaffee – Wissen

Kaffee – Praxis

Kaffee – Genuss

Kaffee
Wissen

Pflanze und Sorten

Die Kaffeepflanze

Die Kaffeepflanze ist ein Baum und gehört zu den bedecktsamigen, zweikeimblättrigen, verwachsen-kronblättrigen Rubiaceen (Rötegewächsen).
Sie kann eine Höhe von bis zu 15 Metern erreichen, wird in Kaffeeplantagen jedoch durch ständigen Rückschnitt als zwei bis drei Meter hoher Strauch kultiviert, was die Ernte erleichtert und den Ertrag erhöht. Die Kaffeepflanze hat große, grüne und glänzende Blätter, die bis zu 15 Zentimeter lang werden können. Erst nach drei bis fünf Jahren bringen die Pflanzen die ersten weißen Blüten hervor, die an den lang auslaufenden rutenförmigen Zweigen sitzen. Sie blühen nur wenige Tage. Die Früchte sehen wie Kirschen aus, doch ihre Reifezeit dauert bis zu zehn Monate. Sie leuchten meist in einem kräftigen Rot, manche Sorten auch in Gelb. In jeder der Kaffeekirschen befindet sich eine Bohne, die in der Regel aus zwei Samen besteht, die von einem Silberhäutchen umhüllt sind. Zusätzlich gibt es noch die sogenannten Perlbohnen („*Peaberry*“), gänzlich runde Samen, da sich in diesen Kirschen nur einer statt einem Pärchen entwickelt hat. Die Farbe der Kaffeebohnen ist im frischen Zustand mattgrün in verschiedenen Nuancen, je nach Herkunft und Verarbeitungsart.

Die Bestandteile einer getrockneten Kaffeekirsche. Die Mucilage auf der Pergamenthaut und das Fruchtfleisch unter der Haut sind hier schon getrocknet.

Kaffee im Schatten wachsend

Die Kaffeepflanze ist sehr sensibel und verträgt keine Extreme, weswegen ihr Anbau sehr aufwendig und die Betreuung entsprechend zeitintensiv sind. Kaffeeplantagen brauchen nicht viel Wasser, aber eine regelmäßige Bewässerung – sie vertragen keinen Dauerregen. Da Kaffee zu den Schattengewächsen gehört, wäre ein Anbau der Pflanze in der prallen Sonne zwar für höhere Erträge von Vorteil, da die Pflanze dadurch unter Stress gerät und mehr Blüten und in weiterer Folge mehr Kirschen produziert; diese Art von Anbau würde aber die Böden stärker auslaugen und teure Dünger und Pestizide benötigen. Auf manchen Plantagen wird deshalb wieder Mischanbau betrieben: Andere Pflanzen werden zwischen die Kaffeebäume gesetzt. Diese spenden Schatten, dienen Vögeln als Unterkunft und verringern dadurch den Bedarf an Pestiziden und Düngemitteln.

Kaffeeblüte

Arabica-Pflanzen sind besonders empfindlich und nicht frostresistent. Die Temperatur darf nicht unter null Grad fallen, am besten wären beständige 20 Grad. Weiters sind sie sehr anfällig gegen Schädlinge und Pilze wie den Kaffeebohrer oder den Kaffeerost: Als 1869 in Sri Lanka die Kaffeeplantagen davon befallen wurden, war das die Geburtsstunde des Teeanbaus auf der Insel. Arabica-Pflanzen gedeihen in Höhen von 800 bis 2.200 Metern.

coffea arabica

coffea canephora robusta

Die **Robusta** ist hingegen weitaus widerstandsfähiger, hat aber auch ihre Eigenheiten. Sie verträgt zwar Nässe und Hitze leichter, ist zudem ertragreicher, hat jedoch eine längere Reifezeit und schätzt Kälte gar nicht. Zumindest 5 Grad sollte es haben. Sie kann im Gegensatz zur Arabica auch im Flachland bis zu einer Höhe von 800 Metern angebaut werden. Anfangs wurde an ihren Qualitäten gemäkelt und sie nur dort kultiviert, wo keine Arabica wuchsen, doch dann entdeckte man ihre besonderen Qualitäten für den Espresso und bemühte sich, die Pflanze durch Kreuzungen zu verbessern.
Kaffeebäume können bis zu 50 Jahre alt werden, jedoch nimmt der Ernteertrag nach etwa 20 Jahren ab.

Arabica, Robusta und Co: die Kaffeesorten

Es gibt über 90 verschiedene Arten der Coffea-Pflanze. Die bekanntesten sind *Coffea Arabica, Coffea Canephora* und *Coffea Liberica*. Die größte wirtschaftliche Bedeutung haben Arabica- und Robusta-Pflanzen, wobei die Robusta eine Unterart der *Coffea Canephora* ist.

Die *Coffea Liberica* ist der Arabica in Größe, Lebensdauer und Produktionsmenge überlegen und ist widerstandsfähiger gegen Parasiten. Sie hat aber eine längere Reifezeit von bis zu 14 Monaten. Außerdem sind ihre runden Früchte härter, saftloser und haben einen geringeren Zuckergehalt. Deshalb ist ihr Anteil am Weltmarkt sehr gering. Bis vor Kurzem meinte man noch eine vierte Gruppe zu kennen, die *Excelsa*, doch neueste Studien behaupten, diese Gruppe wäre mit der Liberica ident.

Von den zwei meist genutzten Sorten Arabica und Robusta gibt es noch eine Reihe von Unterarten. Von der **Arabica** sind dies über 80, wie etwa „Bourbon", „Maragogype", „Typica" und viele weitere Hybriden wie „Caturra", „Catuai", „Catimor" oder „Mundo Nuovo". In den jeweiligen Anbaugebieten haben sie eigene Charakteristiken entwickelt und werden heute gezielt gekreuzt, um gewisse Eigenschaften zu verstärken.

Die Sorte Bourbon bekam ihren – französisch ausgesprochenen – Namen von der Insel Réunion, östlich von Madagaskar, die früher Bourbon-Insel hieß. Die Bohnengröße ist eher klein und die reifen Früchte sind entweder rot, gelb oder orange. Die Bohnen werden wegen ihrer komplexen Säure und ihres ausgeglichenen Körpers geschätzt. Maragogype wurde in Brasilien entdeckt und gilt als eine Variante der „Typica"-Familie. Nach einer anderen Theorie soll es sich um eine Kreuzung aus Arabica- und Liberica-Bohne handeln. Die Pflanze hat sehr große Blätter und produziert bis dato auch die größten Kaffeebohnen. Trotzdem ist der Ernteertrag in der Regel niedriger als bei anderen Kaffeesorten. Sie ist hauptsächlich in Mexico und Nicaragua heimisch, schmeckt mild und ist säurearm.

Bei Robusta unterscheidet man die Arten nach den Herkunftsländern.

Man hört oft, dass Robusta-Bohnen runder sind als die Arabicas; ich kenne jedoch einige Robustas, die oval sind und spitze Enden aufweisen, und Arabicas in klein und rund. Arabica-Kaffee enthält etwa doppelt so viel Zucker und Fette wie Robusta, aber nur halb so viel Koffein. Bei Arabicas ist eine enorme Geschmacks- und Aromenvielfalt möglich, Robustas schmecken im Allgemeinen erdig, holzig, strohig, manchmal auch muffig. Robusta-Bohnen lassen sich dunkler rösten, haben kaum Säure, einen vollen Körper und weniger Bitterstoffe als Arabica. Für Filterkaffee ist Robusta nicht empfehlenswert.

Lange als die billige, mindere Qualität verschrien, gibt es heute auch sehr gute **Robusta**-Qualitäten, deren Geschmacksrichtung ins Nussige gehen kann. Für ihren vollen Körper und ihre reiche Crema wird Robusta in vielen italienischen Mischungen geschätzt. Generell ist man in den östlichen und südlichen Ländern an den holzigen Robusta-Geschmack und dunkle Röstungen gewöhnt. Auch in Kaffeemischungen für Espresso wird wegen der feineren und festeren Crema gerne der Robusta verwendet, der die feinen Aromen des Arabica mit Körper und Fülle ergänzt.

1983 wurde in Kamerun, Zentralafrika, die *Coffea Charrieriana* entdeckt, die erste koffeinfreie Sorte, die man auch für neue koffeinfreie Züchtungen verwenden will. Auf Madagaskar wächst die *Coffea Lancifolia*, die nur einen geringen Koffeinanteil besitzt, der aus ihr gewonnene Kaffee schmeckt jedoch sehr bitter und scharf.

Typische, oval geformte Arabica-Bohnen: „Semi-washed Bourbon“ aus Brasilien

Typische Robusta-Bohnen mit gerundetem Rücken: „India Cherry“

Fachleute können verschiedene Sorten durchaus am Aussehen erkennen – und nach dem Rösten am Geschmack!

1 Brasilien Cooxupe, NY 2, ssfc, trocken aufbereitet
2 Indian Cherry Robusta, Screen 18
3 Costa Rica Tarrazu
4 Honduras s.h.b., Grade 1
5 Papua-Neuguinea, Grade 1

1 Kolumbien Excelso, Decaf „Swiss Water“
2 Äthiopien Limu, Grade 1
3 Brasilien Bourbon, NY 2, ssfc, semi-washed
4 Indian Monsooned Malabar
5 Indian Plantation A

Luxus pur: die exklusivsten Kaffees der Welt

Während ein Kilogramm gerösteter Kaffee von den sechs Großröstern im deutschen Sprachraum geröstet rund 3,50 Euro kostet, muss für seltenere Sorten wie „Panama Geisha" schon mit bis zu 250 Euro gerechnet werden. Exklusivität hat eben ihren Preis!

Geisha

„Geisha" ist eine wiederentdeckte Sorte, die in den letzten Jahren Furore gemacht hat. Geschätzt wird sein komplexes und intensives Geschmacksprofil. Ursprünglich stammt die Pflanze aus der kleinen Stadt Gesha im Südwesten von Äthiopien. Dann kam sie nach Costa Rica und schließlich nach Panama, wo sie erfolgreich von der „Fazienda Esmeralda" angebaut wird. Geisha zeigt Süße und einen Geschmack, der von Beeren- über Zitrusnoten bis zu Mango, Papaya und Pfirsich reichen kann. Im Abgang zeigt sich noch eine Bergamottnote.

Äthiopischer Waldkaffee

Die Bohnen stammen aus genetisch reinen Wildpflanzen, die in den Wäldern Äthiopiens gesetzt werden. Der Ertrag liegt bei etwa 15 bis 50 Kilo pro Hektar (Weltdurchschnitt sind 600 Kilo!). Dieser Kaffee hat ein frisches vollmundiges Aroma und eine Fruchtigkeit, die an Kirschen erinnert. Seine Aromen zeigen sich am besten als Filterkaffee.

Aged Sumatra

Der „Aged Sumatra" wird roh für ungefähr drei Jahre gelagert, bevor er in den Verkauf kommt. Aus diesem Grund ergibt der Sumatra, der von vornherein wenig Säure hat, einen besonders weichen, süßlichen Kaffee.

Indian Monsooned Malabar

Er wird nach der Ernte und Aufbereitung den Monsunwinden ausgesetzt (siehe Seite 25). Das Ergebnis ist ein würziger Espresso mit schokoladigen oder erdigen Aromen, mit vollem Körper, der eine Menge Crema produziert.

Galapagos

Auch im Naturparadies der Galapagos-Inseln, konkret auf San Cristóbal, wird seit 1875 Kaffee angebaut. Heute stehen alle Inseln unter Naturschutz. Die Plantagenfläche von derzeit 200 Hektar darf also nicht mehr erweitert werden. Die Pflanzen werden rein biologisch versorgt. Der Kaffee schmeckt sehr gehaltvoll und weist eine dezente Säure auf.

Hawai'i Kona

Auf den hawaiianischen Inseln Big Island, Kauai, Molokai und Oahu wird hauptsächlich Typica angebaut. Der Kaffee schmeckt durch die sehr mineralienreichen vulkanischen Böden besonders hart und kräftig. Ein paar kleinere Farmen experimentieren jedoch mit anderen Varietäten und erzielen mit ihren neuen Processing-

Methoden wunderbare Ergebnisse – wie Rusty's in Koa und Big Island Coffee Roasters in Puna, die, wie der Name schon sagt, ihren Kaffee auch selbst rösten. Und das im Gegensatz zum Rest von Hawai'i medium bis light.

Kopi Tongkonan

Hier werden die Bohnen gewissermaßen einzeln behandelt. Von zehn Familien der Volksgruppe der Toraja werden die Pflanzen rund um den Berg Sesean auf der indonesischen Insel Sulawesi angebaut. Nur vollreife, rote Kirschen werden geerntet. Die frisch gepflückten Früchte werden in weiterer Folge in Holzfässer gefüllt und mit reinem Quellwasser bedeckt. Das Fruchtfleisch wird durch beständiges, vorsichtiges Stampfen mit einem Stößel entfernt. Danach wird der Kaffee sorgfältig gewaschen. Die noch feuchten Kaffeebohnen werden in der warmen Tropensonne ausgebreitet und schonend unter ständigem Wenden getrocknet. Das kann drei bis vier Wochen dauern, da der Kaffee bei drohenden Regengüssen immer wieder eingesammelt werden muss. Nach vollendeter Trocknung kommen die Mitglieder des Tongkonan Toraja zusammen und lösen per Hand die nun jadefarbenen Kaffeebohnen aus der Pergamentschale, die sie umgibt. Nur die fehlerlosen Bohnen werden auserwählt und in kleinen Baumwollsäcken für den Export aufbewahrt. Verpackt werden die Bohnen in kleinen bemalten Holzfässern. Der Kaffee ist voll im Geschmack, hat nussige Aromen und einen kräftigen Abgang.

Jamaica Blue Mountain

Der „Blue Mountain" schmeckt klar und kräftig, je nach Röstung auch leicht nussig und weist Tabaknoten und zarte Säuren auf. Er gilt als eine der exklusivsten Kaffeesorten der Welt. Das hängt damit zusammen, dass es für diesen Kaffee ein streng begrenztes Anbaugebiet auf Jamaica gibt und ideale Wachstumsbedingungen herrschen. Angebaut wird er an einem Gebirgszug, der sich quer über die Insel erstreckt, auf rund 1.800 Meter Höhe. Durch die häufigen Nebel ist die Wachstumsphase verlangsamt, aber es entstehen ganz spezielle Aromen. Japanische Kunden zahlen ein Vermögen für die Ernten, deshalb wird dieser Kaffee bis auf Weiteres auch teuer bleiben.

Kopi Luwak

Der „Kopi Luwak" aus Indonesien erhebt ebenfalls den Anspruch auf den Titel „exklusivster Kaffee der Welt". Er wird auch Katzenkaffee genannt. Diesen Namen führt er, weil vollreife Beeren von einem kleinen marderartigen Baumbewohner, dem Fleckenmusang aus der Familie der Schleichkatzen, gefressen und verdaut werden. Da der Kaffee zu sehr hohen Preisen gehandelt wird, gibt es auch eine Reihe von Nachahmungen, bei denen andere Tiere – etwa Schweine, Wiesel, Vögel und Elefanten – beteiligt sind. Extrem schlimm ist die Haltung der Civetkatzen. Die Tiere werden bis zu 7 Jahre in kleinen Käfigen gehalten, wo sie sich beim ständigen Im-Kreis-Drehen verletzen. Sie werden mit Bananenmus, in dem sich die Kaffeesamen befinden, gefüttert. Da sie ihre normale Kost von Mäusen und kleinen Schlangen nicht bekommen, haben die Tiere schwere Mangelerscheinungen und Krankheiten. Auch wenn Ihnen jemand erzählt, er hätte die Kaffeebohnen aus einem kleinen Dorf in den Bergen, wo die Einheimischen den Kot gefunden hätten, kaufen Sie den Kaffee nicht! Denn spätestens in 1–2 Jahren, wenn die Gier um sich greift, werden auch diese Menschen Tiere in Käfigen halten. Einige der am Markt erhältlichen Kaffees sind sogar Fälschungen – also Durchschnittskaffee, der mit Klebern und Enzymen besprüht wurde, um etwaige Labortests zu bestehen. Finger weg von solchen Kaffees!

Woraus Kaffeebohnen bestehen

Bis heute ist es noch nicht gelungen, alle Inhaltsstoffe der Kaffeebohne zu erforschen. Ihre Zusammensetzung ist äußerst komplex und kann je nach Sorte und Verarbeitung stark variieren. Kaffee enthält mehr als 1.000 verschiedene Inhaltsstoffe, von denen der prominenteste sicherlich das Koffein ist. Wobei andere Pflanzen, wie etwa Tee, weitaus mehr Koffein enthalten können. Robusta-Bohnen enthalten im Vergleich zu Arabica-Bohnen etwa die doppelte Menge Koffein. Zudem sind die Inhaltsstoffe noch abhängig von der Sorte, dem Jahrgang und der Herkunft sowie den Wachstumsbedingungen und dem Röstverfahren.
Die wichtigsten Bestandteile sind Kohlenhydrate, Fettstoffe, Wasser, Eiweißstoffe, Säuren, Alkaloide (Koffein), Mineral- und Aromastoffe. Den gewichtsmäßig größten Anteil nehmen die **Kohlehydrate** ein, sie werden beim Rösten aber zu anderen Verbindungen umgewandelt oder ganz abgebaut. Übrig bleiben wasserunlösliche Polysaccharide als Kaffeesatz. Glukose und Saccharose verschwinden beim Rösten genauso wie Eiweißstoffe oder das Wasser, dessen Gehalt von zehn bis zwölf Prozent auf ein bis fünf Prozent verdunstet.
Fette und Öle sind wichtige Aromaträger. Rund 80 verschiedene Lipide enthalten die Zellen der Bohnen; Arabica-Sorten in der Regel mehr als Robusta-Sorten, was sich auch an der Crema zeigt, die beim Robusta voluminöser ausfällt. Der hohe Anteil an Fetten und Ölen bedingt ebenfalls die begrenzte Lagerfähigkeit von Kaffee.
Für den Geschmack wichtig sind auch die **Säuren**. Sie machen vier bis zwölf Prozent im Rohkaffee aus. Den größten Anteil bildet die für den Kaffee charakteristische Chlorogensäure. Daneben kommen aber zum Beispiel auch Linolsäure, Palmitinsäure, Essigsäure, Zitronensäure, Apfelsäure und Oxalsäure vor. Viele dieser Säuren haben einen starken Einfluss auf den Geschmack. Beim Rösten bauen sich Säuren kontinuierlich ab (siehe Seite 55).
Der Boden des Herkunftslandes ist relevant für die **Mineralstoffe** wie Kalium, Kalzium und Magnesium. Sie sind wasserlöslich und finden sich auch im Kaffee wieder. Für den Geschmack ausschlaggebend sind die **Aromastoffe**. Bislang konnten über 800 verschiedene Aromen bestimmt werden. Doch die Forschung ist noch lange nicht abgeschlossen: Von den Bitterstoffen etwa weiß man noch viel zu wenig.

Anbaugebiete

Die Anbauflächen der Weltkaffeeproduktion – über 10 Millionen Hektar – verteilen sich auf ungefähr 80 Länder. Davon sind aber nur etwa 50 als Produzenten von internationaler Bedeutung. Die Hauptanbauregionen liegen in Südamerika. Hier wachsen auf rund 4 Millionen Hektar Kaffeepflanzen. Es folgen Afrika, Asien und Ozeanien.

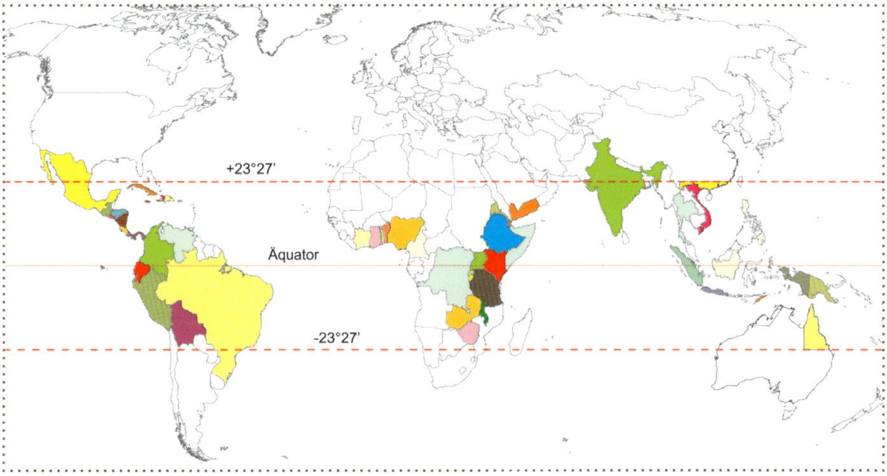

Heute wird Kaffee in allen subtropischen Zonen der Erde angebaut. 20 Grad nördlich sowie 20 Grad südlich des Äquators markieren die klimatischen Grenzen, innerhalb derer Kaffeeanbau möglich ist. Jährlich werden je nach Ernteertrag zwischen 85 und 115 Millionen Säcke Kaffee zu je 60 Kilogramm produziert. Fast 99 Prozent der Gesamtproduktion entfallen auf die beiden Sorten Arabica und Robusta. In vielen Anbauländern wird vorwiegend nur eine dieser beiden Kaffeesorten kultiviert, doch bei geeigneten Anbauflächen und Höhenlagen sind auch beide vorherrschend.

Die zehn größten Kaffeeproduzenten weltweit

Jahresproduktion in Tonnen

Brasilien	*2.249.100*
Vietnam	*961.200*
Kolumbien	*697.377*
Indonesien	*676.475*
Äthiopien	*325.800*
Indien	*288.000*
Mexiko	*268.565*
Guatemala	*252.000*
Peru	*225.992*
Honduras	*217.951*

Quelle: FAOSTAT 2009, Food and Agriculture Organization of the United Nations

Mittelamerika und Karibik

Costa Rica

Kaffees aus Costa Rica, wie der „Costa Rican Tarrazu“, zählen zu den besten der Welt. 1729 kam der Kaffee von Kuba nach Costa Rica. Heute arbeiten rund 12 Prozent der Bevölkerung im Wirtschaftszweig Kaffee. Die Rohkaffeeplantagen mit 400 Millionen Kaffeebäumen liegen in einer Höhe von 700 bis 1.600 Metern. Die wichtigsten Anbauregionen für Rohkaffeebohnen sind in der Landesmitte zu finden, um die Hauptstadt San José herum: Tarrazú, Heredia, Tres Ríos, Volcán Poás. Es werden nur Arabica-Bohnen kultiviert, der Anbau von Robusta-Pflanzen ist verboten. Die Bohnen werden nass aufbereitet (siehe Seite 36). Die höchste Qualitätsstufe wird mit „SHB“ (*strictly hard bean*) bezeichnet, das bedeutet, die Bohnen wachsen auf 1.500 Höhenmetern. Überragend ist die Plantage „La Minita“ mit dem „La Minita Tarrazu“. Pro Jahr werden nur 145.000 Kilo geerntet. Der Kaffee ist kernig mit feinem Säurespiel und edlen, vollen Aromen.

Dominikanische Republik und Haiti

Seit dem frühen 18. Jahrhundert wird Kaffee in der Dominikanischen Republik angebaut. Einige Kaffeearten werden noch unter dem früheren Namen des Landes Santo Domingo vermarktet. Sie sind mild, mit vollem Körper, guter Säure, angenehmem Aroma und weisen bei korrekter Röstung sehr florale Noten auf. Der beste Kaffee kommt aus der Gegend von Barahina. Die Bohnen werden meist nass aufbereitet. Obwohl Haiti und die Dominikanische Republik eine gemeinsame Insel bilden, ist die Qualität des Kaffees am westlichen Ende, in Haiti, nicht annähernd so gut und gleichmäßig hoch. Die wirtschaftliche und politische Situation des Landes hat natürlich auch Auswirkungen auf den Kaffeeanbau.
Die meisten Plantagen werden biologisch bewirtschaftet. Sie sind großteils nicht zertifiziert, denn es fehlt einfach am Geld, um Pestizide und Kunstdünger zu kaufen oder die Zertifizierungsgebühr zu bezahlen. Seit Ende des letzten Jahrhunderts versucht man einen Premiumkaffee zu etablieren, den „Haitian Bleu“, und kann langsam einige Erfolge damit verbuchen.

El Salvador

In der ersten Hälfte des letzten Jahrhunderts war das Land wirtschaftlich fast zur Gänze vom Kaffee abhängig. Rückschläge gab es allerdings durch den Guerillakrieg in den 1980er-Jahren und durch die Kaffeekrise zehn Jahre später. Viele Farmer flohen oder versuchten auf andere Produkte umzusteigen. Heute haben noch rund zehn Prozent der Bevölkerung mit Kaffee zu tun, entweder beim Anbau oder im Export. Der Kaffee selbst ist typisch für Mittelamerika, hat keinen stark ausgeprägten Körper, ist aromatisch und sauber mit einer leichten Säure. Wie in Guatemala ist die Anbauhöhe ein wichtiges Qualitätskriterium: Je höher die Plantage, desto besser der Kaffee. Der bekannteste Name ist „Pipil“, ein alter

Maya-Name. Eine für El Salvador besonders typische Bohne ist die „Pacamara", eine Kreuzung aus Paca- und Magarogype-Bohnen. Pacamara hat einen kräftigen Körper und feine Aromen. Es gibt auch zertifizierte biologische Kaffees wie den „San Antonio".

Guatemala

Guatemala gehört zu den zehn größten Kaffeeproduzenten der Welt. Im Hochland werden einige der besten Kaffees der Welt angebaut, vorwiegend die Arabica-Varietäten „Typica" und „Bourbon", die im Schattenanbau kultiviert werden. Anacafé als staatliche Aufsicht vergibt für die höchste Qualitätsstufe das Gütesiegel SHB (*strictly hard bean*), das dann vor dem Namen des jeweiligen Anbaugebiets steht. Weiters wurden verschiedene Gebiete, die vergleichbares Mikroklima aufweisen, klassifiziert, ähnlich wie man es beim Wein kennt. Die wichtigen Anbauregionen sind Antigua – das bekannteste Gebiet –, dann Fraijanes, Cobàn, Huehuetenango, Atitian, San Marcos und Nuevo Oriente. Jede Region hat ihre eigene Charakteristik. Der Kaffee hat in der Regel einen kräftigen Körper, füllige Aromen, würzige, blumige, rauchige Töne und ein ausgewogenes Säurespiel.

Honduras

Honduras hätte Kaffee guter Qualität zu bieten, doch die politische Situation, die Kaffeekrise und Wetterkatastrophen wie verheerende Hurrikane haben der Kaffeewirtschaft einige herbe Rückschläge versetzt. Die höchste Qualitätsstufe SHG (*strictly high-grown*) wird in Honduras für Kaffee verwendet, der in einer Höhe von bis zu 2.000 Metern angebaut wird. „Yoija" und „Marcala" sind darunter die bekanntesten Sorten.

Jamaica

Auf Jamaica werden viele Kaffeearten angepflanzt, eine Reihe davon von sehr hoher Qualität. Selbst unter Laien bekannt ist der berühmte „Blue Mountain": eine der besten, auch teuersten und exklusivsten Kaffeesorten der Welt, ein Kaffee mit Charakter, kräftigem Körper, leichten Säuren und Tabaknoten. In Liebhaberkreisen galt er lange Zeit als Maßstab für Kaffee schlechthin. Diese Varietät kann nur in einem sehr kleinen Gebiet von rund 6.000 Hektar angebaut werden, nämlich an den Gebirgshängen der Blue Mountains, die die Mitte der Insel durchziehen. Etwa 90 Prozent der Produktion werden nach Japan exportiert – für den Rest der Welt bleibt da nicht mehr viel übrig. Deshalb kommen auch manchmal Zweifel auf, ob tatsächlich jeder als „Blue Mountain“ deklarierte Kaffee aus dieser beschränkten Produktion stammt. Die Erzeugung ist jedenfalls sehr aufwendig und Rationalisierung aufgrund der Anbaubedingungen kaum möglich.

Kuba

Der beste Kaffee auf Kuba nennt sich „Turquino“ oder „Extra Turquino“ und wird mit dem „Blue Mountain“ von Jamaica verglichen. Er hat einen mittleren Körper und wenig Säure. Kuba hat das Potenzial zu einem großen Kaffeeanbauland. Derzeit spielt Kuba allerdings als Exportland noch eine geringe Rolle – über 80 Prozent der Ernte werden im Land selbst getrunken.

Mexiko

Mexiko gehört zu den großen Kaffeeproduzenten der Welt. Es wird sehr viel auf biologischem Weg angebaut und viele Zertifizierungsprogramme wie „*Utz Kapeh*“, „*Rainforest Alliance*“ und „*Transfair*“ sind im Land tätig. Die beste Anbauregion ist das Hochland von Chiapas. Der Kaffee ist ausgewogen, mild, mit guter Säure und vielfältigen Aromen.

Nicaragua

Die politischen Entwicklungen waren ebenso wenig förderlich für die Kaffeewirtschaft wie die regelmäßigen Wirbelstürme. Die bekanntesten Kaffee-anbaugebiete sind Jinotega, Nuevo Segovia und Matagalpa. Die besten Kaffees tragen die Klassifikation „*Central Estrictamente Altura*“.

Panama

Erst seit 1997 bemüht sich die *Speciality Coffee Association of Panama* (SCAP) um eine bessere Vermarktung des Kaffees. Die besten Bohnen stammen aus dem Norden des Landes nahe der Grenze zu Costa Rica und dem Pazifik, wo Kaffee an Vulkanhängen angebaut wird. Höchste Qualitätsstufe des Rohkaffees ist SHB (*strictly high bean*). Ein regelrechter Hype ist in den letzten Jahren um die in Panama von der „Fazienda Esmeralda“ angebaute Geisha-Pflanze entstanden, deren Geschmack und Aromen das Herz jedes Kaffeeconnoisseurs höher schlagen lassen. Um einen Sack des wertvollen limitierten Kaffees zu ergattern, muss man bei der jährlichen Auktion der Farm mitsteigern. Viele Kleinröster teilen sich dann mehrere Säcke. Einige Farmen in der Umgebung pflanzen seit einiger Zeit ebenfalls Geishakaffee an und sollen damit auch sehr gute Qualität erzielen.

Puerto Rico

Seit 1736 wird auf der Insel Kaffee angebaut. Obwohl einige der besten Kaffees der Welt, nämlich der „Yauco Selecto“ und der „Grand Lares“, aus Puerto Rico stammen, ist die dortige Kaffeewirtschaft heute bei Weitem nicht so dominant wie in anderen mittelamerikanischen Ländern. Der Yauco Selecto kommt aus dem Südwesten der Insel und gilt als scharfer Konkurrent des Jamaica Blue Mountain. Er hat einen vollen Körper, diffizile und vielfältige Aromen und schmeckt zudem sehr balanciert.

Südamerika

Bolivien

Erst 1950 begann man in Bolivien ernsthaft Kaffee anzubauen. Heute wird der Großteil der Ernte nach Europa verkauft und findet seinen Platz in verschiedenen Kaffeemischungen. Doch auch in Bolivien selbst versucht man inzwischen vermehrt auf Spezialitäten zu setzen.

Brasilien

Brasilien ist traditionell der bei Weitem wichtigste Kaffeeproduzent der Welt, der ungefähr ein Drittel der Weltproduktion erzeugt. Ungefähr 40 Prozent ihrer Ernte verbrauchen die Brasilianer selbst – der Rest geht in den Export. In den meisten der 21 Staaten des Landes wird Kaffee angebaut, am meisten jedoch in Parana, Espirito Santo, Bahia und vor allem in São Paulo und Minas Gerais. Aus diesen Regionen stammt mehr als die Hälfte der brasilianischen Kaffeeproduktion. Dort kommen auf den flachen großen Erntefeldern auch mächtige Pflückmaschinen zum Einsatz. Brasilien produziert Kaffees unterschiedlicher Qualitätsstufen von geringwertig bis hervorragend. Geschätzt werden etwa die „Bourbon“-Bohnen aus Espirito Santo, ein würziger und runder Kaffee mit leicht süßlichen Noten. Aber auch andere Regionen bemühen sich um Spezialitätenkaffees. Dazu beigetragen haben auch Wettbewerbe wie der „*Cup of Excellence*“, der mit strengen Qualitätskriterien dafür sorgt, dass Kaffeebauern für gute Ware besser honoriert werden.

Cup of Excellence

Ähnlich den Weinprämierungen durch die Landwirtschaftskammern in den Weinbauländern werden in einigen Kaffeeländern Kaffees verkostet und die besten davon zum internationalen Wettbewerb eingeladen. Das können schon um die 1.000 Rohkaffees weltweit sein. Aus dieser Menge werden dann die rund 30 höchstbewerteten Rohkaffees („Best of the Best") mit dem „Cup of Excellence" ausgezeichnet. Der Rohkaffee mit den meisten Punkten wird mit dem „Cup of Excellence" in Gold prämiert. Dabei handelt es sich meist nicht um große Mengen. Der Farmer hat vielleicht nur zwischen zehn und sechzig Säcken von diesem Kaffee, doch die Auszeichnung sichert ihm einen hohen Verkaufspreis, internationales Renommee und die Aufmerksamkeit der Händler für die nächsten Jahre.

Ecuador

Die ersten Arabica-Bäume wurden erst 1952 gepflanzt. Es lässt sich gute Qualität erzeugen, doch ist sie auch sehr schwankend. In Ecuador werden etwa in gleichem Ausmaß Robusta wie Arabica kultiviert. „Puyango" und „Vilcabamba" gelten als die besten Spezialitätenkaffees des Landes. Auch auf San Cristóbal, einer der Galapagos-Inseln, wird Kaffee biologisch angebaut. Dieser erfreut sich durch seinen vollen Körper, seine würzig-erdigen Aromen ohne aufdringliche Säuren immer größerer Beliebtheit.

Kolumbien

Der Kaffee aus Kolumbien gehört zu den wenigen Kaffees, die unter dem Namen ihres Herkunftslandes verkauft werden, und wird weltweit geschätzt. Kolumbien gehört zu den drei großen Kaffeeproduzenten der Welt. Vorwiegend wird Arabica angebaut, daneben auch ein wenig Robusta. Die Anbaugebiete liegen am Fuß der Anden, wo die Pflanzen ein entsprechendes mildes Klima vorfinden. Die wichtigsten Anbaugebiete sind Medellín, Armenia und Manizales. Der Kaffee aus diesen Regionen wird unter dem Kürzel „MAM" vermarktet. Die Qualitätsstufen in Kolumbien sind Excelso, Supremo und UGQ (*Unusual Good Quality*). Diese Unterscheidungen gibt es noch nicht allzu lange, denn früher hat die FNC (*Federación National de Cafeteros*) darauf bestanden, für den Export keine Qualitätsunterschiede zu machen. Doch inzwischen sind spezielle Bodenbeschaffenheiten oder Mikroklimabedingungen bekannt, deshalb existieren heute zu bestimmten Kaffeesorten ausführliche Beschreibungen und Zertifikate.

Peru

Sehr viele Anbauflächen in Peru sind biologisch zertifiziert, doch auch die meisten anderen Flächen werden ähnlich bewirtschaftet: Wie so oft fehlt das Geld für Pestizide, zudem wird der Großteil des Anbaus von kleinen Farmen betrieben. Der beste Kaffee kommt aus Chanchamayo, Cuzco, Norte und Puno.

Venezuela

Man kennt Venezuela eher als Ölexportland, doch der Kaffee hat ebenfalls seinen wirtschaftlichen Stellenwert und beginnt zunehmend wichtiger zu werden. Vor allem werden „Typica"- und „Bourbon"-Bohnen angebaut. Die besten Kaffees kommen aus Táchira, etwa der „Montebello" von San Cristóbal de Táchira. Weitere Anbauregionen sind Maracaibo, Mérida und Trujillo. Der Kaffee gilt als leicht und aromatisch mit wenig Säure, was ihn für einen Blend oder einen Single Origin gleichermaßen verwendbar macht.

Afrika

Angola

Als portugiesische Kolonie galt Angola als eines der wichtigsten Anbaugebiete für Robusta und war einst der viertgrößte Kaffeeproduzent weltweit. Durch den Bürgerkrieg ist der Kaffeeanbau jedoch extrem zurückgegangen. In den letzten Jahren versucht man an frühere Erfolge anzuknüpfen; ein großes Projekt findet etwa in Kwanza Sul statt.

Äthiopien

Äthiopische Frauen an Trockentischen in Yirgacheffe

Der erste Rohkaffee stammt höchstwahrscheinlich aus Äthiopien. Rund 12 Millionen Menschen leben heute von der Kaffeeindustrie und das Land ist der afrikanische Hauptexporteur von Arabica-Bohnen. Alle Arten des Anbaus finden sich dort, von der Kultivierung im Wald bis zur großen Plantage. Ungefähr die Hälfte wird auf einer Seehöhe von über 1.500 Metern angepflanzt. Eine der bekanntesten Spezialitäten kommt aus Harrar, einem der höchsten Anbaugebiete. Wichtig sind noch Djimmah, Sidamo oder Yirgacheffe. Kaffees aus Äthiopien gehören sicher zu den besten in Afrika. Sie haben eher einen leichten Körper, dafür eine Fülle an Aromen und wohl ausgewogene Säure. Ebenfalls zu erwähnen sind spezielle Gebiete wie Bonga Forest, ein geschütztes Regenwaldgebiet, wo Kaffee ausgezeichneter Qualität noch wild wächst. „Limu", die ehemalige imperiale Plantage von Haile Selassie, dem letzten äthiopischen Kaiser, liefert den besten äthiopischen Kaffee als Reinsorte. Da die Ernten oft fast komplett von japanischen Importeuren aufgekauft werden, ist dieser Kaffee mitunter schwer zu bekommen.

Burundi

Durch belgische Kolonisten wurden die Kaffeepflanzen um 1930 ins Land gebracht. Vorwiegend Kleinbauern bewirtschaften die Kaffeepflanzungen. Der Kaffee wird international geschätzt, die Qualität ist hoch, doch wird nur wenig direkt verkauft und der Großteil über Auktionen abgesetzt. Die beste Varietät nennt sich nach dem Anbaugebiet „Ngoma".

Demokratische Republik Kongo

Aus Oriental und Kivu kommt der beste Kaffee, vor allem Peaberry und Elefantenbohnen. Während normalerweise zwei Bohnen in einer Kirsche sind, ist bei einer Peaberry nur ein Samen befruchtet. Daraus wird eine ovale Bohne, die erheblich größer ist als die gewöhnliche abgeflachte Bohne. Exportiert werden Arabica und Robusta.

Elfenbeinküste

Vorwiegend wird Robusta angebaut, jedoch kein großer Wert auf Single Origins gelegt, sondern für einen breiten Markt produziert. In den frühen 1980er-Jahren war die Elfenbeinküste der drittgrößte Kaffeeproduzent der Welt, doch nach dem Bürgerkrieg ist die Produktion drastisch zurückgegangen.

Jemen

Eigentlich zählt der Jemen nicht zu Afrika, doch gibt es eine enge Verbindung zu Äthiopien. Gepflanzt werden ausschließlich Arabica-Arten, vorwiegend „Typica" und „Bourbon". Außerdem sind noch etwa zehn andere lokale Arten vorhanden. Die besten Bohnen kommen aus Mattari, Sharki und Sanani. Die Premiummarke nennt sich „Mocha Extra" („Mokha Extra"). Oft werden die Pflanzen auf Terrassen angebaut und wachsen im Schatten anderer Bäume oder Nutzpflanzen. Auf Chemie wird großteils verzichtet, obwohl die meist kleinen Farmen selten zertifiziert sind. Der Kaffee aus den eher kleinen Bohnen hat einen mittleren bis leichten Körper (je nach Röstung), eine gut definierte, angenehme Säure, viele exotische Aromen und einen schokoladigen Abgang. Der Kaffee hinterlässt einen Gesamteindruck wie guter Wein.

Kamerun

Zuerst wurden 1913 Arabica-Stämme angepflanzt, heute wächst in Kamerun vorwiegend Robusta. Der beste Kaffee kommt aus Bamileke und Bamoun. Es gibt auch einen geringen Anbau der Elefantenbohne (Maragogype). Angeboten wird ebenso die Longberry, eine lokale Variante der Peaberry. Die Ernten insgesamt werden meist für Blends verwendet oder für Instantkaffees und nicht als Single Origins.

Kenia

In Höhen zwischen 1.500 und 2.100 Metern wird in Kenia Kaffee angebaut. Er zählt zu den besten Kaffees weltweit und wird geschätzt wegen seiner kraftvollen, aber ausbalancierten, typisch zitrusartigen Säure und seiner Aromen, die an dunkle Beeren erinnern. Durch die klimatischen Bedingungen kommt es oft zu zwei Ernten pro Jahr in verschiedenen Höhenlagen. Früher wurden die Bohnen zentral über das staatliche *Coffee Board of Kenya* versteigert, doch um mehr Konkurrenz zuzulassen, wurde der Verkauf liberalisiert. Vielleicht erzielen die Erzeuger jetzt höhere Einnahmen, doch insgesamt ist die Produktion gesunken. Die wichtigen

Anbaugebiete befinden sich am Mount Kenia und am Mount Elgon. Der Premiumkaffee aus Kenia wird klassifiziert als PB für Peaberry, AA PlusPlus, AA Plus, AA, AB und so weiter. Großen Wert wird auf sehr große Bohnen gelegt, wie die Perlbohne oder „Kenia Peaberry“, die etwa fünf bis maximal zehn Prozent einer Ernte ausmachen. Peaberry-Bohnen sind keine spezielle Sorte oder Art. Statt der flachen Doppelbohne ist eine runde Bohne in der Kirsche. Dadurch ist sie etwas größer, auch seltener, deshalb teurer und muss speziell selektiert werden. Nicht alle Länder sortieren die Peaberry heraus und verkaufen sie separat.

Kaffeeverkostung in Kenia. Viele Kaffeebauern verkosten bei diesem Ausbildungsprogramm der amerikanischen Rösterei „Intelligentsia“ zum ersten Mal den eigenen Kaffee.

Madagaskar

Vorwiegend wird Robusta angebaut, doch in den letzten Jahren konnte auch der Arabica-Anteil gesteigert werden, wovon man sich gute Qualitäten erwartet. Rund 40 Prozent der Ernte werden jedoch auf der Insel verbraucht. Hauptexportland ist Frankreich.

Malawi

Aus Malawi kommen interessante Rohkaffees. Angebaut wird in den Hügeln am Rande des Malawisees. Die wichtigste Exportqualität nennt sich „Mzuzu“. Die produzierten Mengen sind nicht groß, aber die Suche danach lohnt sich.

Ruanda

Vor dem Bürgerkrieg hatte Ruanda bereits eine ausgefeilte Kaffeeindustrie – die Bohnen wurden vorwiegend gewaschen verarbeitet. Danach dauerte es einige Jahre, bis man wieder Anschluss an die früheren Zeiten fand. Doch heute können wieder hohe Qualitäten exportiert werden. Aus Maraba stammt einer der besten Arabicas mit weichen, vollen Aromen, einem kräftigen Körper, doch geringer Säure.

Sambia

Kaffee aus Sambia kann qualitativ ohne Weiteres mit den Kaffees aus Kenia mithalten. Er hat einen nicht so kräftigen Körper, schöne florale Aromen sowie eine ausgewogene Säure und eignet sich gleichermaßen als Blend oder Single Origin.

Wichtige Anbaugebiete sind Kasama, Nakonde, Isoka und die Region um Lusaka.

Simbabwe

Seit 1960 wird in Simbabwe Kaffee angebaut. Die Qualität ist sehr gut und wird mit der der besten Kaffees aus Kenia verglichen, doch ist Kaffee aus Simbabwe heute nur schwer zu finden. Das mag mit der politischen Situation zusammenhängen. Die Namen der wichtigsten Farmen sind „Farfell" und „Dandoni"; der Premium Blend nennt sich „Pinnacle". Kaffees aus Simbabwe und Sambia sind einander sehr ähnlich.

Südafrika

Nur etwa 1.000 Hektar waren 1975 mit Kaffeebäumen aus Kenia bepflanzt. Langsam beginnt die Anbaufläche zu wachsen, doch Südafrika muss noch weiter Kaffee importieren. Die selbst erzeugte Menge wird fast ausschließlich im Inland verbraucht.

Tansania

Rohkaffee ist ein wichtiges Exportgut Tansanias. Es werden verschiedene Arabica-Arten angepflanzt. Eines der wichtigsten Anbaugebiete ist die Region Moshi in der Nähe des Kilimandscharo. Von dort kommt etwa der „Chagga AA". Einige Arabicas wachsen zwischen dem Tanganjika- und dem Nyassasee. Vermarktungsname dieser Rohkaffeebohnen ist „Mbeya". Die höchsten Qualitätsstufen werden mit „AA" und „PB" für „Peaberry" gekennzeichnet.

Uganda

Vorwiegend werden in Uganda Robusta-Arten angepflanzt. Nur etwa zehn Prozent sind Arabicas. Die wichtigsten Standorte befinden sich in Bugisu, Mount Elgon und in der Nähe des Mount Ruwcnsori.

Asien

China

Die Volksrepublik China, traditionell ein Land der Teekultur, gilt als einer der wichtigsten Kaffeemärkte der Zukunft. In den vergangenen fünf Jahren hat sich der Kaffeeabsatz in China verdoppelt. Entsprechend wächst auch die Bedeutung Chinas als Kaffeeproduzent. Die Erntemenge betrug 2007 zwar nur 24.000 Tonnen, allerdings wurden sechs Jahre zuvor gar nur 13.000 Tonnen geerntet. Bislang ist Kaffee vor allem bei jüngeren Angestellten in Metropolen wie Peking oder Shanghai als Lifestylegetränk beliebt. In ländlichen Regionen ist Kaffee, der im Gegensatz zu Tee sehr teuer ist, dagegen noch weitgehend unbekannt. In China dominiert Instantkaffee. Allerdings setzen Einzelhändler wie etwa das US-Unternehmen Starbucks mit Erfolg auf hochpreisige Premiumprodukte.

Indien

Durch die Liberalisierung des Marktes in den 1990er-Jahren hat der Kaffee des Subkontinents an Quantität und Qualität gewonnen. Schon seit dem 16. Jahrhundert wird in Indien Kaffee angebaut. Die wichtigsten Anbaugebiete sind Karnataka, Tellichery, Malabar in Kerala und Nilgiris in Tamil Nadu. Gute Qualitäten werden als „Indian Plantation AA" klassifiziert. Eine Spezialität ist der „Indian Monsooned Malabar", kurz „IMM" genannt. Die Klassifizierungen herfür sind „Monsooned Malabar AA" oder „Monsooned Basanically". Auch einige der besten Robustas stammen aus Indien, etwa „Robusta Parchment" oder „Monsooned Robusta". Der Kaffee ist in der Regel bittersüß wie Kakao, ohne Säuren und eignet sich gut für Espressos, weil er einen vollen, dichten Körper hat und eine wunderschöne Crema erzeugt.

Monsooning

Ein spezielles Verfahren, mit dem besonders weicher Kaffee erzeugt wird, nennt man „Monsooning". Als Kaffee aus Indien noch per Segelschiff nach Europa transportiert wurde, dauerte die Überfahrt sehr lange. Der Rohkaffee war der Sonne und den Monsunwinden ausgesetzt. Dadurch veränderten sich der Geschmack und die Farbe. Die Bohnen bekamen einen leichten Gelbstich. Heute wird dieser Prozess für spezielle Kaffeesorten an der Küste nachgeahmt, da die salzhaltige Luft zu dem einzigartigen Geschmacksbild beiträgt.

Nach der Ernte werden die Bohnen verlesen und getrocknet. Danach setzt man sie den Monsunwinden, die im Südwesten von Indien zwischen Juni und September wehen, und der Luftfeuchtigkeit aus. Die sortierten und klassifizierten Bohnen werden in dieser Zeit in speziellen Lagerhäusern auf gut belüfteten Böden aufgebreitet. Dort bleiben sie einige Tage und müssen regelmäßig gewendet werden. Durch die zunehmende Feuchtigkeit schwellen sie an und bekommen ihre charakteristische Farbe. Dann füllt man sie locker in Jutesäcke und stapelt diese in ausreichendem Abstand zueinander. Etwa einmal pro Woche müssen die Säcke umgefüllt werden, um Befall mit Schimmelpilzen zu verhindern und ein gleichmäßiges „Monsooning" zu gewährleisten. Die Winde zirkulieren nämlich um die Säcke. Nach rund zehn Wochen ist der Prozess abgeschlossen. Die Bohnen werden nochmals verlesen und neu verpackt.

Indonesien

Der Kaffeeanbau konzentriert sich auf Java, Sumatra, Flores und Sulawesi. Java ist ein wichtiger Name in der Kaffeegeschichte. Die ersten Kaffeepflanzen wurden 1712 von den Holländern eingeführt. 1877 wurden die meisten Arabicas vom Kaffeerost befallen und mussten durch Robusta-Pflanzen aus Afrika ersetzt werden. Heute gibt es nur noch zehn Prozent Arabica-Pflanzen auf der Insel. Java hat sich zu einem der wichtigsten Robusta-Produzenten entwickelt. Der Kaffee ist würzig, kräftig, mit wenig Säure und fast ein bisschen holzig, in etwa vergleichbar mit dem Geruch von Rindenmulch oder tropischen Hölzern. Ein bekannter Blend, der „Mocha Java", wird aus Bohnen aus Java und dem Jemen gemischt. Der Kaffee aus Sumatra hat dagegen einen viel kräftigeren Körper, der von vielen Kaffeeliebhabern sehr geschätzt wird. „Ankola" und besonders „Mandheling" werden sogar als die kräftigsten Arabica-Bohnen der Welt beschrieben. Die besten Bohnen von der Insel Sulawesi kommen aus Kalossi, Toraja und Rantepao.

Auf Indonesien wird auch ein ähnlicher Kaffee verarbeitet wie der indische Monsooned Coffee. Hier heißt er „aged“, „go-down“ oder „passage“. Dafür wird der Rohkaffee über ein Jahr in speziellen Lagerhäusern aufbewahrt. Vermarktet werden sie unter den Namen „Old Government“, „Old Java“ oder „Old Brown“. Aus Indonesien kommt auch der „Kopi Luwak“ (siehe Seite 11).

Osttimor

Nach der Unabhängigkeit 2002 wurde Osttimor wieder zu einem der besten Kaffeeproduzenten der Region. Kaffee ist der zentrale Wirtschaftsfaktor der Insel. Arabica, Robusta, Liberica und eine lokale Hybride, „Timor“, werden angepflanzt. Die Kaffees sind mit guten Sorten aus Sumatra vergleichbar. Die besten Qualitäten kommen aus der Region Ainaro. Großteils wird biologisch angebaut. Einer der Hauptabnehmer für den Kaffee ist die amerikanische Kette Starbucks.

Philippinen

Um 1880 waren die Philippinen der viertgrößte Kaffeeexporteur weltweit. Doch dann kam der Kaffeerost, dem so viele Plantagen zum Opfer fielen, dass man rund zehn Jahre lang sogar Kaffee importieren musste. Heute besteht auf den Philippinen eine wachsende Kaffeeindustrie, die gute Qualitäten produziert. Allerdings werden 80 Prozent der Landesproduktion an einen Großabnehmer, nämlich Nestlé, geliefert. Die Philippinen gehören zu den wenigen Ländern, in denen gleichzeitig Arabica, Robusta, Excelsa und Liberica angebaut werden. In letzter Zeit versucht man auch Kopi Luwak zu erzeugen.

Vietnam

Ursprünglich wurden Arabica-Stöcke von französischen Missionaren um 1865 von Java und La Réunion nach Vietnam gebracht und rund um Tonkin angepflanzt. Nach dem Vietnamkrieg beschloss die Regierung den Kaffeeanbau extrem zu steigern. Große Robusta-Plantagen wurden angelegt. Binnen weniger Jahre hat Vietnam Kolumbien als zweitgrößten Kaffeeerzeuger der Welt abgehängt.
2004 belief sich die Ernte, die vor allem in der Region Dak Lak eingebracht wird, auf 12,5 Millionen Säcke. Damit hat ungefähr jede zehnte auf der ganzen Welt gebrühte Tasse Kaffee ihren Ursprung in Vietnam.

Australien und der pazifische Raum

Australien

In Queensland und New South Wales im Osten des Kontinents wird Kaffee angebaut. Der Beginn war zäh, aber mittlerweile haben sich Kaffees aus Australien in den Spezialitätenläden etabliert. Er hat in der Regel weniger Koffein, aber eine angenehme Säure, einen schönen Körper und leicht erdige Noten, perfekt für Espresso. „Skybury“ und „Mountain Top“ sind die bekanntesten Plantagen.

Hawaii

Kaffee aus Hawaii hat kaum Säure, einen kräftigen Körper und eine sehr komplexe Aromastruktur. Er wird nicht nur auf der Hauptinsel, sondern auf allen Inseln wie Maui, Molokai, Oahu und Kauai, wo die größten Plantagen liegen, angebaut und ist aufgrund der Lohnstruktur in den USA generell teuer. Seit einem Betrugsfall vor einigen Jahren gibt es eine eigene Zertifizierung für „Hawai'i Kona“. Der Hauptmarkt sind die USA.

Papua-Neuguinea

Viele der Pflanzungen liegen so tief in den Wäldern, dass die Pflanzen zwar viel Schatten erhalten, die Plantagen aber sehr schwierig zu bewirtschaften sind. Zumeist sind es kleine Farmen, die sich der Mühe unterziehen. Es gibt nur wenige flache Gegenden, die meisten Arabica-Stöcke werden auf 1.500 bis 1.800 Metern Seehöhe angepflanzt. In den Tälern gibt es auch einige Robusta-Plantagen. Die meisten der Kaffeesorten werden biologisch angebaut, aus dem einfachen Grund, dass es sehr schwierig ist, Pestizide in die entlegenen Gegenden zu transportieren. Doch zertifiziert ist nur ein kleiner Teil. Die Kaffees sind sehr ausgewogen mit wenig Säure, haben ein breites Spektrum an Aromen sowie besonders florale und Zitrustöne.

Ernte und Verarbeitung

In der Regel wird Kaffee einmal im Jahr geerntet. Bis sich eine reife Frucht entwickelt hat, dauert es Monate: beim Arabica zwischen sechs und acht Monaten, beim Robusta zwischen neun und elf Monaten und beim Liberica oder dem Excelsa sogar bis zu 14 Monaten. Deshalb werden die beiden letzteren Sorten auch seltener angebaut.

Vor dem Pflücken wird eine Plane unter den Baum gelegt.

In tropischen Regionen kann es manchmal sogar zu zwei Blüten kommen und damit zusammenhängend zu einer Haupt- und Nebenernte. Das ist etwa in Kolumbien oder in Kenia möglich.

Die Erntezeit wird vom Breitengrad und der Anbauhöhe bestimmt. Nördlich des Äquators wird zwischen September und Dezember geerntet, südlich davon zwischen April und August. Am Äquator selbst wäre es theoretisch das ganze Jahr möglich, zu ernten, trotzdem gibt es auch hier bestenfalls eine Haupt- und eine Nebenernte.

Die Haupterntezeit dauert etwa sechs bis acht Wochen, die gesamte Erntezeit kann sich jedoch auf zehn bis zwölf Wochen ausdehnen, da nicht immer alle Früchte zur gleichen Zeit reif sind. Die Blüten entwickeln sich nämlich zu verschiedenen Zeiten, weshalb es auch zu unterschiedlich reifen Kirschen an den Ästen kommt. Bei selektivem Pflücken werden in Intervallen von 7–10 Tagen die reifen Kirschen von Hand geerntet („***Picking***"). Jeder Baum wird drei- bis viermal aufgesucht. Der Arbeitsaufwand ist dabei sehr hoch. Die Erntekosten können sich bei dieser Methode um das Dreifache erhöhen, dafür ist die Qualität in der Regel besser.

Um Zeit und Kosten zu sparen, können alle Kirschen gleichzeitig von den Ästen

Eine Pflückerin in Indien sortiert händisch unreife Kirschen aus.

Ein Pflücker in Brasilien wirft mit einem Sieb die Kirschen hoch und befreit sie von mitgerissenen Blättern und Ästchen.

gestreift werden, wenn der Großteil von ihnen reif ist.
Pro Baum braucht ein Pflücker 20 bis 30 Minuten und erntet dabei fünf bis acht Kilo Kirschen, doch nach Verarbeitung, Trocknen und Rösten bleiben davon nur noch ein bis zwei Kilo gerösteter Kaffee übrig. Aus 100 Kilo Kirschen werden also rund zwölf bis 20 Kilo exportfähige Kaffeebohnen.

Die gigantischen Pflückmaschinen rütteln die Kirschen mit rotierenden Stäben vom Baum. Unten transportiert sie ein Förderband direkt in den Kaffeesack. Der Arbeiter auf dem Anhänger tauscht volle gegen leere Säcke.

Nach dem „***Stripping***“ sind die reifen mit unreifen und überreifen Früchten vermischt, weshalb sie anschließend sortiert werden müssen. In einigen Ländern wie z.B. Brasilien werden bereits **Erntemaschinen** eingesetzt, die ähnlich dem Stripping-Verfahren arbeiten. Sie sind jedoch sehr teuer und können auch nur in flacheren Gebieten verwendet werden.
Im Weltdurchschnitt liegt der Ertrag je Hektar bei rund 600 Kilogramm Kaffee. Es gibt jedoch je nach Anbaugebiet eine große Spannweite. Sie ist u.a. abhängig von den Anbaumethoden oder der Anzahl der Kaffeepflanzen. Werden in Angola durchschnittlich etwa 100 Kilogramm pro Hektar geerntet, ist es in Mexiko die fünffache Menge. Spitzenreiter sind Vietnam und Costa Rica, wo Spitzenplantagen einen Ertrag von 1.600 Kilo pro Hektar und mehr erbringen.

Die Aufbereitung

Da die Kaffeekirschen nur für eine äußerst kurze Zeit gelagert werden können, müssen sie nach der Ernte möglichst schnell weiterverarbeitet werden. Es gibt mehrere Arten der Aufbereitung, durch die sich die geschmacklichen Eigenschaften verändern. Man unterscheidet zwischen trockener (*naturals*), nasser (*washed*) und halbtrockener (*semi-washed*) Aufbereitung. Werden die Kirschen im Ganzen getrocknet, nennt man sie ***„naturals"*** (1). Lässt man sie stark trocknen und pulpt sie im rosinenartigen, gerade noch weichen Zustand, sind das ***„pulped naturals"***. Reife Kirschen, die gepulpt, also ohne Fruchtfleisch, aber mit dem Fruchtschleim – der Mucilage – getrocknet werden, bezeichnet man als ***„semi-washed coffee"*** (2). Allerdings nur bei der herkömmlichen Methode, bei der die Kirschen mit Wasser durch den Pulper transportiert werden und dadurch die Mucilage gewaschen wird, was etwas von der Süße wegnimmt. Die Mucilage ist 0,5–2 mm dick und besteht hauptsächlich aus Zucker und Pektinen. Seit einigen Jahren ist eine neue Methode sehr beliebt, da die Nachfrage nach süßen ***„honey processed"*** Kaffees stark gestiegen ist. Hier werden die reifsten Kirschen ohne Wasser im Pulper vom Fruchtfleisch befreit und die Bohnen in der Pergamenthaut und der Mucilage getrocknet. Gute Pulper können genau adjustiert werden und dadurch mehr oder weniger Mucilage entfernen. Je nach Dichte der Mucilage verfärbt sich diese beim Trocknen gelblich, rötlich oder fast schwarzbraun. Ein „yellow honey processed" Kaffee hat etwas weniger Süße als ein „red honey" und ein „black honey" hat am meisten Süße und Fruchtnoten. (Mehr Mucilage und längere Trocknungszeit = mehr Süße.) Wenn die Pergamenthaut durch nasse Fermentation von der Mucilage befreit wird, erhält man ***„washed coffee"*** (3), wird dies maschinell durchgeführt, bezeichnet man den Kaffee als ***„fully washed"***. Nach dem Trocknen und vor dem Transport wird die **Pergamenthaut** (4) entfernt. Auf den grünen Samen sieht man deutlich die **Silberhaut** (5).

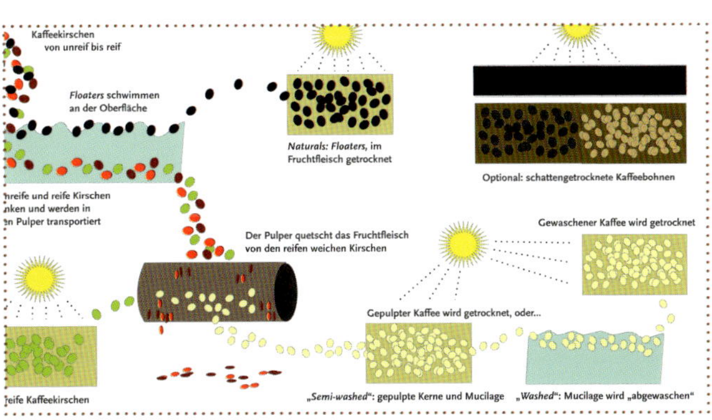

Naturals / Trocken aufbereiteter Kaffee

In einem Wasserkanal werden überreife (trockenere) Kirschen von reifen und unreifen Kirschen getrennt. Die leichteren überreifen Kirschen, aber auch defekte Kirschen mit Hohlräumen schwimmen an der Oberfläche und sind daher leicht abzuschöpfen. Danach werden sie in der Sonne getrocknet. Das Klima muss dazu trocken und warm sein. Die trockene Aufbereitung ist die älteste und preiswerteste Methode und wird vorwiegend dort angewandt, wo Wasser sehr teuer oder knapp ist. Wenn man eine getrocknete Kirsche am Ende des Trockenprozesses schüttelt, hört man die Bohnen darin klappern („rappeltrocken"). Das ist das Zeichen, dass der Wasseranteil der Frucht extrem gesunken ist und ein guter Trocknungsgrad erreicht wurde. Nach insgesamt etwa drei bis fünf Wochen ist der Trockenprozess abgeschlossen. Möglich ist auch eine mechanische Schnelltrocknung, doch diese Methode ist kostspielig und aufwendiger. In vielen Ländern gibt es zudem auf den kleinen Farmen nicht genug Platz, um Naturals so lange auf Böden oder Tischen zu trocknen, da jeden Tag neuer Kaffee geerntet und zur Farm gebracht wird. Auch deshalb wird oft noch mechanisch getrocknet. Naturals sind fast vergleichbar mit Trockenbeerenauslesen beim Wein: Sie haben am wenigsten Säure, mehr Süße und mehr Körper.

Ungleichmäßige Mischung – Floater gemischt mit reifen und unreifen Kaffeebohnen sowie Blatt- und Astresten.

Die Kirschen werden mit Wasser in ein Becken befördert, ...

... die an der Oberfläche schwimmenden „Floater" werden abgeschöpft, ...

... anschließend werden sie im Fruchtfleisch auf dem Patio ausgebreitet und tagelang gewendet, um gleichmäßig zu trocknen.

Semi-washed coffee / Halbtrocken aufbereiteter Kaffee

Der reife Kaffee wird bei dieser Methode im Pulper vom Fruchtfleisch getrennt, jedoch anschließend in der Pergamenthaut mitsamt der Mucilage zum Trocknen aufgelegt. Bei richtiger Durchführung können sehr gute Qualitäten erzielt werden, jedoch muss man darauf achten, dass die Mucilage nicht fermentiert. Deshalb werden die Bohnen auf großen Feldern aufgelegt und ständig gewendet. Das kann bis zu acht Tage dauern, je nach Temperatur. Der Kaffee darf dabei nicht mehr nass werden. Diese Methode ist wassersparender und umweltschonender als das „Waschen" des Kaffees. *Semi-washed coffees* weisen hinsichtlich Körper und Süße ähnliche Eigenschaften auf wie getrocknete Bohnen, zeigen aber trotzdem noch leichte Säuren wie gewaschene Kaffees.

Vom Fruchtfleisch befreite Kaffeebohnen, noch in der Pergamenthaut mit Fruchtschleim.

Pulped naturals und honey processed

Die Bezeichnung *„pulped naturals"* wird manchmal nicht ganz korrekt für *„semi-washed coffees"* verwendet. Bei dieser trockenen Verarbeitungsmethode, die z.B. in Brasilien üblich ist, werden die schon stärker getrockneten Kirschen (*„Floaters"*) gepulpt, wenn sie noch weich genug sind. Sie schwimmen an der Oberfläche, weil sie leichter sind. Neue Bezeichnungen dafür sind *„Re-Processed"* oder *„Raisins"* – weil die Floaters bereits wie Rosinen eingetrocknet, aber gerade noch weich genug sind, um gepulpt zu werden. Anschließend werden die Bohnen getrocknet und die Pergamentschicht abgeschält. Je länger die Bohnen mit Fruchtfleisch getrocknet werden, umso süßer und körperreicher wird der Kaffee. Seit einigen Jahren ist eine neue Methode sehr beliebt, da die Nachfrage nach süßen „honey processed" Kaffees stark gestiegen ist. Hier werden die reifsten Kirschen ohne Wasser im Pulper vom Fruchtfleisch befreit und die Bohnen in der Pergamenthaut und der Mucilage getrocknet. Gute Pulper können genau adjustiert werden und dadurch mehr oder weniger Mucilage entfernen. Je nach Dichte der Mucilage verfärbt sich diese beim Trocknen gelblich, rötlich oder fast schwarz-braun. Ein „yellow honey processed" Kaffee hat etwas weniger Süße als ein „red honey" und ein „black honey" hat am meisten Süße und Fruchtnoten. (Mehr Mucilage und längere Trocknungszeit = mehr Süße.)

Gepulpte Kirschen werden zum Trocknen auf Trockentische geschüttet, bevor sie später am Boden fertig getrocknet werden.

Halbtrockene Aufbereitung

Zuerst werden in einem Wasserkanal die leichten, trockenen Kirschen – die „Floaters" – von den unreifen Kirschen getrennt (siehe Skizze auf Seite 31). Dann werden die Kirschen gepulpt: Der Pulper besteht aus einer großen Walze mit sieben Millimeter breiten Schlitzen. Die weichen Früchte lassen sich durch das Gitter quetschen, während die unreifen durch die Zentrifugalkraft seitlich herausrollen. Unreife Bohnen würden die geschmackliche Qualität des Kaffees stark mindern. Danach werden die gepulpten Bohnen im Pergament mit Mucilage getrocknet. Bei einer so sorgfältigen Selektion werden sogar noch Fruchtfleischreste händisch entfernt.

Washed coffee / Nass aufbereiteter Kaffee

Gepulpte Kaffeebohnen im Wasserbecken

Rund 130 bis 150 Liter Wasser sind für ein Kilogramm Rohkaffee notwendig. Zuerst werden die Kirschen gesäubert und in Wassertanks oder Schwemmkanälen vorsortiert.
Das Fruchtfleisch der reifen Kirschen wird in einem „*Pulper*" abgequetscht und so vom Kern getrennt. Die Pergamenthaut und der Fruchtschleim, die Mucilage, bleiben jedoch noch über dem Samen der Kaffeebohne. Man entfernt die Mucilage mechanisch, mit Chemikalien oder durch nasse Fermentation. Bei Letzterer werden die Kaffeebohnen in Wassertanks geleitet, wo es in den nächsten 12 bis 36 Stunden mithilfe von Mikroorganismen zu einer Fermentation kommt, um die Mucilage leichter entfernen zu können. Der Gärprozess wird durch die enthaltenen Enzyme ausgelöst. Seine Dauer hängt von der Wassertemperatur ab und muss genau überwacht werden. Wenn die Oberfläche der Bohnen nicht mehr schleimig ist, ist der Prozess beendet. Bleiben sie jedoch zu lange im Wasser, kann es zu überfermentierten „leuchtenden Bohnen" („*fluorescent beans*") kommen, die bei weiterer Fermentation in „Stinkerbohnen" (siehe Seite 42) umgewandelt werden – eine einzige „Stinkerbohne" kann geschmacklich eine ganze Charge Kaffee ruinieren.
Das Wasser muss bei diesem Prozess oft gewechselt werden, sonst kommt es zu einer Kontamination mit Mikroorganismen und gelösten Stoffen. Diese Methode braucht viel Wasser und kontaminiert es stark. Auch wenn sich der Wasserverbrauch durch moderne Waschtechniken und Wasseraufbereitung inzwischen deutlich reduzieren lässt, ist sie dennoch nicht sehr umweltfreundlich, außerdem teuer und wegen der ständigen Überwachung arbeitsintensiv.
Die Mucilage kann auch auf mechanischem Weg entfernt werden. Diese Methode wird immer öfter angewendet, da sie Wasser, Energie und Zeit spart und umweltfreundlicher ist. Die Kaffeebohnen bleiben bis dahin noch in der Pergamenthaut, die erst nach dem Trocknen abgeschält wird.
Washed coffees haben ausgeprägtere Säuren, weniger Süße und weniger Körper.

Jeder Kaffeefarmer schwört auf seine eigene Methode der Verarbeitung. In Guatemala wird die trockene Verarbeitung weitgehend abgelehnt. Kein Wunder, denn im feuchten Klima des Landes würde der Kaffee mit Sicherheit fermentieren und schlecht werden. Deshalb werden dort nur Kaffees minderer Qualität getrocknet, ohne sie zu pulpen. In Brasilien hingegen produziert man ausgezeichnete und sogar preisgekrönte getrocknete Kaffees. Es hängt also stark von der Region ab, welche Möglichkeiten es gibt, den Geschmack durch Verarbeitungsmethoden zu verändern.

Fertig trocknen und abschälen

Sind die Pergamenthäute nicht mehr glitschig, ist der Prozess abgeschlossen. Die Kaffeebohnen werden nun in der sauberen Pergamenthaut getrocknet.

Bei jeder Verarbeitungsmethode muss der Kaffee vor dem Verpacken bis zu einem Feuchtigkeitsgehalt von zehn bis zwölf Prozent trocknen, um einen gefahrfreien Transport zu sichern. Manchmal werden dazu auch zusätzliche mit Heißluft betriebene Trockengeräte verwendet. Hier gilt die Regel: je länger, desto schonender. Die Kaffeebohnen kommen mit etwa 20 Prozent Feuchtigkeit in den Heißlufttrockner und mit zehn bis zwölf Prozent ins Lager. Danach wird die Pergamenthaut in einem großen mechanischen Mörser abgeschält. Je trockener der Kaffee ist, desto weniger Risiko besteht beim Transport, was jedoch Gewichts- und damit zusammenhängend Preisverlust zur Folge hat. Wo das Geld oder die Technik nicht vorhanden sind, wird nach wie vor ausschließlich am Boden getrocknet.

Sortieren und verpacken

Sind die Bohnen getrocknet und von der Pergamenthaut befreit, werden sie sortiert: per Hand oder maschinell. Das Aussortieren defekter Bohnen ist ein wesentlicher Schritt, die Qualität eines Kaffees zu verbessern. Mögliche Unreinheiten sind etwa: schwarze „Stinkerbohnen“, gefleckte Bohnen, Schalen, zerfressene, aber auch unreife Bohnen. Manchmal finden sich noch Steine, kleine Zweige oder anderer Schmutz unter den Bohnen. Nach der Aufbereitung wird der Rohkaffee nach Größen sortiert, da zum Rösten möglichst uniforme Bohnen von Vorteil sind. Dafür werden verschieden große Siebe in übereinandergestellten Rüttelkästen verwendet. So bleiben die Bohnen im Sieb ihrer Größe hängen.

Indische Pflückerin, die gleich nach der Ernte defekte oder unreife Kirschen aussortiert.

Bei der anschließenden Trennung nach Gewicht wird ein schräg laufendes Förderband oder eine Rüttelplatte mit Impulsen benutzt. Dadurch werden die unterschiedlich schwerden Bohnen an verschiedenen Stellen vom Band befördert. Mögliche Defekte, die anhand des Gewichts zu identifizieren sind, sind etwa zerfressene Bohnen, Schalen oder Bruchstücke.

Wenn nicht sorgfältig genug gepflückt wurde, muss anschließend händisch unter speziellem Licht sortiert werden. Das Förderband kann von jeder Arbeiterin mittels Fußpedal gestoppt werden, um auch wirklich jeden Defekt auszusortieren.

Schließlich gibt es noch die Sortierung nach farblichen Fehlern, die auch bei Bohnen normaler Größe und Form auftreten können. Ein Defekt ist in diesem Fall nur an der Farbe zu erkennen. Beispiele dafür sind unreife oder fermentierte Bohnen, Stinker und frostgeschädigte Bohnen.
Sind die Bohnen sortiert, werden sie für den Versand abgefüllt: meist in 48- oder 60-Kilo-Säcken; manche wertvollen Sorten auch in Holzfässern.

Kaffeeklassifikation

Im Labor wird die Kaffeeprobe nach Anzahl der Defekte untersucht.

Auf der Sortierunterlage sind die Defekttypen und ihre Kennzahlen aufgedruckt.

Klassifikation nach Typ / Defekt

Jeder Charge wird eine Probe von 100–300 Gramm Kaffee entnommen, die von Hand nach Defekten durchsucht wird. Die Anzahl der Defekte bestimmt die Typen-Nummer des Kaffees. Die Gewichtung der Fehler variiert von Land zu Land; am häufigsten wird die brasilianische Klassifikation verwendet:

1 schwarze Bohne	= 1 Defekt	1 große Schalenstücke	= 1 Defekt
2 saure Bohnen	= 1 Defekt	3 kleine Schalenstücke	= 1 Defekt
2 im Pergament	= 1 Defekt	1 großer Stein/Zweig	= 5 Defekte
3 Öhrchen	= 1 Defekt	1 mittlerer Stein/Zweig	= 2 Defekte
5 unterentwickelte	= 1 Defekt	1 kleiner Stein/Zweig	= 1 Defekt
5 unreife Bohnen	= 1 Defekt	1 Kokosnuss-Bohne	= 1 Defekt
5 gebrochene Bohnen	= 1 Defekt		

4 Defekte	= Typ 2	36 Defekte	= Typ 4/5	123 Defekte	= Typ 6/7
8 Defekte	= Typ 2/3	46 Defekte	= Typ 5	160 Defekte	= Typ 7
12 Defekte	= Typ 3	66 Defekte	= Typ 5/6	260 Defekte	= Typ 7/8
19 Defekte	= Typ 3 /4	86 Defekte	= Typ 6	360 Defekte	= Typ 8
26 Defekte	= Typ 4				

In einigen europäischen Staaten und den USA wird immer noch eine andere Terminologie verwendet.

Fancy	= NY 2	Good	= NY 5/6
Extra Prime	= NY 2/3	Regular	= NY 6/7
Prime	= NY 3/4	Ordinary	= NY 7/8
Superior	= NY 4/5		

Klassifikation nach Größe

Zur Beschreibung der Größe dient die Lochgröße der Siebe („Screen"), durch die der Kaffee sortiert wird. Der Durchmesser wird in Vierundsechzigstel-Inch (2,54 cm) gemessen: „Screen 17" bedeutet also, dass das Loch 17/64 Inch, also 6,746 Millimeter, misst. Kaffee wird am Markt oft in mehreren „Screens" verkauft, etwa 14/15/16. Das bedeutet, dass sich Bohnen aller drei Größen im Sack befinden.

Peaberrys werden durch eigene Siebe selektiert. Sie haben statt runden Löchern Schlitze, die die auf einer Seite flachen Bohnen durchlassen, die runden Peaberrys aber nicht.

Screen 20	= Very large bean
Screen 19	= Extra large bean
Screen 18	= Large bean
Screen 17	= Bold bean
Screen 16	= Good bean
Screen 15	= Medium bean
Screen 14/13	= Small bean

Peaberrys:

Screen 12	= Large bean
Screen 11	= Good to large bean
Screen 10/11	= Good bean
Screen 10	= Small to medium bean
Screen 9	= Small bean

Kaffeefehler

Unreife Bohnen *haben oft eine faltige Oberfläche, die sonst eher weiße Silberhaut ist grünlich, manchmal metallisch.*
Die Zellwände und die innere Struktur sind nicht voll entwickelt. Sie haben wenig Säure, Bitterkeit, rösten langsam, sind astringierend, haben metallischen oder medizinischen Geschmack und kaum Kaffeearomen.

Schwarze Bohnen *sind Samen, die fast bis ganz schwarz sind. Sie stammen von überreifen Kirschen, die bereits zu Boden gefallen sind, sind von Pilzen befallen, weisen wegen schlechter Kultivierung zu wenig Kohlenhydrate auf oder wurden beim Trocknen durch Schimmel und Hefebakterien überfermentiert. Sie rösten langsam, weisen keine Säure auf, schmecken herb mit aschigem Aroma.*

Bruch *nennt man Fragmente von Bohnen, die beim Pulpen oder anderen mechanischen Vorgängen abgebrochen wurden. Vor allem zu stark getrocknete Kaffeebohnen brechen leichter. Diese Fragmente führen zu ungleicher Röstung, mehr Bitterkeit, weniger Säure.*

Insektenbefall: *Diese Bohnen wurden vom gemeinen Kaffeebohrer (*Hypothenemus hampei*) zerfressen. Sie haben mehr Bitterkeit und weniger Säure.*

Pergamentreste: *Durch unsauberes Abschälen verbleiben Reste des Pergamenthäutchens an den Bohnen. Dieser Defekt führt zu keiner spezifischen Geschmacksveränderung.*

„Muscheln“ *oder* ***„Öhrchen“*** *(Halbschalen): Die inneren und äußeren Teile der Elefantenbohne („Maragogype“) wurden beim Pulpen oder Abschälen des Parchments separiert. Die Maragogype ist eine sehr große poröse Bohne. Sie führen zu ungleicher Röstung, leicht bitterem Geschmack und weniger Säuren.*

„Kokosnuss“: *Übertrocknete, kleine Kirschen, die zu faulem Geschmack führen.*

Schalenstückchen: *Durch schlechtes Trennen übrig gebliebene Fragmente der Außenhülle, die zu faulem Geschmack führen.*

Weitere Defekte

Saure, verdorbene Bohnen sind hell- bis rotbraun, dunkelbraun oder gelblich-grün im abgestorbenen Inneren. Manchmal weisen sie auch eine wachsartige braune Silberhaut auf. Es handelt sich um reife, unreife oder überreife Bohnen, die durch Schimmel oder Bakterien fermentiert wurden. Dieser Defekt tritt meist bei vom Baum gefallenen Kirschen auf, aber auch wenn die Zeit zwischen Ernte und Pulpen zu lange war. Sie führen zu saurem, fermentiertem oder schwefeligem Geschmack.

Verblühte Bohnen sind hell, runzelig, leicht und unterentwickelt durch Nährstoffmangel sowie schlechte physikalische Bedingungen oder schlichtweg gestresste Pflanzen. Diese Bohnen verlieren beim Rösten an Säuren.

Schwammige Bohnen fühlen sich wie Kork an, haben eine helle gelbliche Färbung und haben bei Lagerung oder Transport Feuchtigkeit aufgenommen. Dies führt zum Verderben durch enzymatische Aktivität. Diese Bohnen rösten schnell, weisen keine Säuren auf und schmecken holzig.

Verschimmelte Bohnen weisen sichtbaren Schimmel an der Oberfläche auf, der durch durch falsche Temperatur und Feuchtigkeit beim Transport oder der Lagerung verursacht wurde, und schmecken modrig oder muffig. Ein besonders unangenehmer Defekt ist die Kontamination mit Ochratoxinen, einer Gruppe gesundheitsschädlicher Substanzen, die durch Schimmelpilz entstehen. Die Vermeidung von Ochratoxinen im Kaffee ist ein großes Thema in der Kaffeeindustrie. Immer wieder wird gefordert, Exporteure mit weniger sorgfältigen Verarbeitungsmethoden noch strenger zu kontrollieren.

Frostgeschädigte Bohnen lassen sich durch fleckige Silberhaut und ranzigen Geschmack charakterisieren.

Faule, schmutzige Bohnen haben ein normales Aussehen, schmecken aber faul, erdig, modrig oder holzig. Ursachen sind falsche Temperatur und Feuchtigkeit beim Verarbeiten, Lagern oder Transport, manchmal auch schlechte Qualität der Jutesäcke.

Stinkerbohnen: Auch diesen Bohnen ist der Defekt optisch nicht anzusehen, jedoch schmeckt der Kaffee verottet, faul, fermentiert und sehr unangenehm. Der Grund dafür ist immer Überfermentation, z.B. wegen zu langer Fermentation, stecken gebliebenen Kirschen im Pulper oder schlecht recycletem Wasser.

„Rio-Bohnen“ haben ein unauffälliges Äußeres, schmecken aber medizinisch, phenolisch, nach Jod, erdig, staubig, korkig oder wie verbrannter Gummi. Zu diesem Defekt kommt es, wenn überreife Kirschen am Baum oder die Erde des Trockenplatzes mit Mikroorganismen oder der Chemikalie TCA (Trichloranisol) kontaminiert sind – die auch beim Wein den korkigen Geschmack verursachen.

Kaffee im Handel

Kaffee ist heute nach Öl das zweitwichtigste Handelsgut weltweit und nach dem Leitungswasser das beliebteste Getränk. In Deutschland wurden 2007 146 Liter Kaffee getrunken, gegenüber 130 Liter Mineral- und Heilwasser. In Österreich waren es sogar 162 Liter Kaffee. Das sind 2,6 Tassen am Tag oder 949 Tassen im Jahr. Und das ist noch wenig gegen die Schweizer, die auf 1.405 Tassen im Jahr kommen. Damit kann nicht einmal das Espresso-Land Italien mit 985 Tassen im Jahr und pro Kopf mithalten. Europäischer Spitzenreiter ist allerdings Finnland mit 1.790 Tassen pro Kopf, dicht gefolgt von Schweden. Umgerechnet auf Gewicht wären das etwa 10 bis 12 Kilogramm.

Jährlich werden an die 7 Millionen Tonnen Kaffee produziert. Und 25 Millionen Menschen leben vom Kaffeeanbau. Zum Großteil sind es Kleinbauern, die in sogenannten Cooperativas organisiert sind. Weltweit sind mehr als 100 Millionen Menschen im Kaffeegeschäft tätig.

Fast die Hälfte der Weltkaffeemenge wird in die EU importiert. Ein Viertel gelangt in die USA. Damit spielen die Industrieländer die tragende Rolle im internationalen Kaffeehandel, während die Rohkaffeebohnen ausschließlich aus wirtschaftlich schwächeren Ländern kommen. Ohne den Export von Kaffee könnten viele Erzeugerländer ökonomisch nicht überleben. In manchen Ländern macht der Handel mehr als die Hälfte der Deviseneinnahmen aus, wie in Äthiopien, Ruanda oder Guatemala. In anderen Ländern ist Kaffee für über ein Viertel der Exporterlöse verantwortlich, so in Kolumbien oder Honduras, aber auch in Kenia, Tansania und Kamerun.

Die Erlöse, die Kaffee erbringt, sind nicht nur von den vorhandenen Mengen, dem Angebot und der Nachfrage abhängig. Das hat unter anderem mit der Art des Handels zu tun. Zum einen wird der Kaffee von Exporteuren im Anbauland direkt von den Produzenten gekauft und an ihre Kunden geliefert. Zum anderen wird auch die Börse immer wichtiger. Für Arabica ist es die Börse in New York, die größte Kaffeebörse der Welt, und Robusta wird in London gehandelt. Weniger bedeutende Kaffeebörsen gibt es noch in Tokio, São Paulo und Santos / Brasilien. Die Spekulation mit Kaffee kann sich für Investoren und Fonds, die an den Börsen mitbieten, lohnen. So hat sich der Preis für Robusta-Bohnen laut „Deutschem Kaffeeverband" in den letzten sechs Jahren versechsfacht. Während im Januar 2002 ein Pfund Robusta an der Börse noch mit 17,6 US-Cents notiert war, stieg der Preis im Februar 2008 auf rund 110 US-Cents.

Da die Ernte starken Schwankungen unterworfen ist und viele Faktoren berücksichtigt werden müssen, wie politische Situation im Anbauland, schlechte Ernten, Währungsschwankungen, kommt es zumeist zu einem Warentermingeschäft: Um sich gegen extreme Preisschwankungen oder Währungsturbulenzen abzusichern, gibt der Einkäufer langfristig einen Kaufauftrag zu einem bestimmten festgesetzten Preis. Dabei wird auch der Preisaufschlag für besonders gute Qualitäten festgelegt. In diesen Verhandlungen haben natürlich Einkäufer mit einer gewissen Marktmacht im Rücken einen guten Stand.

So erklärt sich, dass in Deutschland von der Mitte des letzten Jahrhunderts bis heute Hunderte von Händlern und Röstern vom Markt verdrängt wurden. Gegenwärtig wird der Markt von einigen wenigen Unternehmen bestimmt. Nur vier Firmen decken weltweit die Hälfte des Marktes für Rohkaffee und 40 Prozent des Marktes für Röstkaffee ab, weshalb ein gewisses Preisdiktat herrscht, das den Erzeugerländern nicht viele Möglichkeiten lässt. An steigenden Preisen verdienen lediglich Fonds und Investmentgesellschaften, die Kaffeebauern profitieren davon kaum. Die instabilen Preise sind insbesondere für Kaffeeröstereien problematisch, die sie mit täglich schwankenden Preisen konfrontiert sind, diese Veränderungen aber nicht unmittelbar an ihre Kunden weitergeben können. Denn der Endpreis für Konsumenten kann sich nur selten ändern.

Der Endpreis des Kaffees ergibt sich aus den vielen Stationen, die er zu durchlaufen hat, bis er von der Plantage zum Kaffeetrinker kommt. Die Kaffeebauern selbst bekommen etwa fünf bis zehn Prozent des Preises, zu dem eine Packung Kaffee bei uns im Regal verkauft wird. Beteiligt an der Produktion sind die Pflücker, die Farmer und die Genossenschaften, die einerseits die Farmer unterstützen, aber andererseits auch ihren Anteil haben wollen. Der erste größere Preissprung ergibt sich beim Rohkaffeehändler und beim Transporteur. Bevor der Kaffee nun endgültig ins Geschäft kommt, muss auch noch der Röster, der den Kaffee auch für die Gastronomie vorbereitet, bezahlt werden. Die größten Spannen werden im Lokal verdient: Margen von bis zu 900 Prozent sind möglich.

Zertifizierter Kaffee

Es gibt eine Reihe von Labels, die auf den Kaffeeverpackungen angebracht sind und als Garanten für eine nachhaltige Wirtschaft gelten sollen. Eines der bekanntesten ist „*Fairtrade*" mit den jeweiligen Landesverbänden wie „*Fairtrade Austria*", „*Transfair Germany*" oder der Max Havelaar-Stiftung in der Schweiz. Um fairen Kaffeehandel zu fördern, wurde das „*Fairtrade*"-Gütesiegel ins Leben gerufen – höchst erfolgreich. Zwar macht Kaffee aus fairem Handel bis dato nur einen kleinen Teil der umgesetzten Gesamtmenge aus, doch die Steigerungsraten sind trotz der höheren Preise zertifizierter Produkte beachtlich. Andere Labels sind etwa „*Utz Certified*", „*Utz Kapeh*", „*Bird Friendly*", „*Shade Grown*" oder „*Forest Grown*". Jedes Label hat sich auf eine andere Zielsetzung spezialisiert – die Gemeinsamkeit ist der Wunsch nach Verbesserung der bisherigen Zustände in der Kaffeeindustrie.

Auch für Kaffee ist das nachhaltige Wirtschaften immer wichtiger geworden. Nachhaltigkeit bedeutet unter anderem, dass die Arbeitsbedingungen für die Pflanzer verbessert werden. Dazu gehören auch Management und Marktzugang sowie die Beachtung ökologischer Aspekte wie Erosionsschutz oder Schattenbaumbepflanzung. Die Farmer sollten für den Umweltschutz sensibilisiert werden, weshalb verschiedene Schulungsprojekte initiiert werden. Eine Möglichkeit, nachhaltig zu wirtschaften, ist die Zertifizierung von Kaffeefarmen, um damit Umwelt-, Sozial- und Wirtschaftsstandards zu fördern. Die Einkünfte können sich dadurch erhöhen und die Konsumenten gewisse Sicherheit beim Einkauf erlangen.

Im Gegensatz zu den Farmern bekommen Produzentenkooperativen einen fixen Mindestpreis von 125 US-Cent pro Pfund „gewaschenen Arabica"-Fairtrade-Kaffee und 120 US-Cent für „ungewaschenen Arabica"-Fairtrade-Kaffee. Den Bauern wird nur dann der höhere Preis ausbezahlt, wenn der Weltmarktpreis höher als der Fairtrade-Preis ausfällt. Wenn der Kaffee mehr wert ist, erhält der Farmer nicht mehr Geld! In einem Coffeeshop werden für Fairtrade-Kaffee oft 10–15 Cent mehr pro Tasse verlangt – ein Kilo Kaffee entspricht 120 Tassen. Dieses Extrageld bekommen die Farmer auch nicht! Abgesehen davon, dass die große Zahl an Labels für den Konsumenten etwas unübersichtlich ist, gibt es allerdings auch eine Reihe an kritischen Stimmen zu den Projekten selbst. Die Kritiker am „*Fairtrade*"-Konzept führen z.B. an, dass die gezahlten Preise vom Welthandelspreis entkoppelt sind: Steigt der Welthandelspreis, so wirkt sich das nicht auf die Entlohnung der Bauern aus. Skeptiker meinen, das Prinzip des fairen Handels werde durch die Ausrichtung auf Massenmärkte und Großkonzerne generell verwässert, Zertifizierungsprozesse und die Projekte selbst seien nicht transparent genug, das Zustandekommen der Preise nicht vollständig nachvollziehbar.

Noch schärfer gehen Kritiker mit 4C um: Dies sei eine Organisation der Industrie bzw. der Großfirmen, die sich ein „nachhaltiges" Mäntelchen umhängen wollen. Echte Transparenz über die unterstützten Projekte sei nur marginal vorhanden.

Die bekanntesten Verbände für zertifizierten Kaffee

4C Common Code for the Coffee Community

Die Bundesregierung in Deutschland hat 2002 ein neues Projekt ins Leben gerufen: „Common Codes for the Community“. Die Gesellschaft für Technische Zusammenarbeit (GTZ) und der Deutsche Kaffeeverband (DKV) wollen mit Kaffeeindustrie, Produzenten, Gewerkschaften und Nichtregierungsorganisationen ein gemeinsames Regelwerk für nachhaltigen Kaffeeanbau erarbeiten. Es gibt einen 4C-Code, mehrere Pilotprojekte in verschiedenen Ländern und Farmen werden bei der Umstellung auf die 4C-Standards unterstützt. Mitglieder sind Verbände und Kooperativen aus den Anbauländern sowie Industrie- und Handelsunternehmen. Kaffee von diesen Farmen ist bereits im Handel erhältlich, wird aber nicht durch ein eigenes Siegel gekennzeichnet, um nicht in Konkurrenz zu anderen Organisationen zu treten, die sich der Nachhaltigkeit verschrieben haben.

Fairtrade

„Fairtrade“ ist das Label des gemeinnützigen „TransFair – Vereines zur Förderung des Fairen Handels mit der ‚Dritten Welt‘ e.V.“ der 1992 gegründet wurde. Er vergibt das Fairtrade-Siegel, das für die Einhaltung der Standards der „Fairtrade Labelling Organisation International“ (FLO) steht. Der Kaffee muss direkt bei Kooperativen oder Kleinbauernorganisationen gekauft werden. An diese Kooperativen werden 20 Cent (Dollar) mehr als der von Spekulanten oft in die Tiefe getriebenen Börsepreise bezahlt. Da es sich bei Fairtrade um einen Verein handelt, muss nur ein Teil des Geldes für gemeinnützige Zwecke verwendet werden. Es ist schwer zu kontrollieren, was dann vor Ort vonseiten der Kooperativen wirklich mit dem Geld passiert. Auch wenn der zuliefernde Farmer laut einer veröffentlichten Studie 19 Cent pro Tag(!) mehr bekommt, stellt sich die Frage, wie er das auf seine Pflücker aufteilt. Bei großen Kooperativen, die viele Tonnen Kaffee an Fairtrade verkaufen, machen die 20 Cent natürlich in Summe viel aus. Aber wie erwähnt, das Geld ist schwer nachverfolgbar und dies verhindert, dass Kleinfarmer, die eventuell qualitativ hochwertigste Kaffees produzieren, den angemessenen Preis dafür bekommen. Ein Teil des erlösten Preises wird in Bildungs-, Umwelt- und Sozialprojekte in den Anbauländern investiert. Rund 1,4 Millionen Bauern und Pflückerfamilien in 58 Ländern sollen davon bereits profitieren. Für Kaffee aus biologischem Anbau wird ein Bio-Aufschlag gezahlt. Eine Qualitätskontrolle ist jedoch nicht vorgesehen.

Rainforest Alliance

Die internationale Umweltschutzorganisation setzt sich für die Erhaltung der Artenvielfalt und die nachhaltige Bewahrung von Lebensräumen für Menschen, Tiere und Pflanzen ein. Nun ist auch der Kaffeeanbau hinzugekommen. Der Raubbau in den Urwäldern soll eingeschränkt werden. Die zertifizierten Farmen müssen hohe Umwelt- und Sozialstandards erfüllen. Kaffee muss auf Plantagen angepflanzt werden, auf denen Gewässer, Boden, Wälder, wild lebende Tiere und Pflanzenarten geschützt und erhalten werden. Arbeiter und ihre Familien müssen Zugang zu Bildung und medizinischer Versorgung haben und angemessen bezahlt werden. Das Zertifizierungsprogramm wird von „Sustainable Agriculture Network“ verwaltet.

SCA-zertifiziert

Diese Betriebe müssen nachweislich ökologisch nachhaltig und sozial arbeiten und gleichzeitig mit dem Kaffee einen vorgegebenen Qualitätsstandard erreichen.

Sustainable Harvest

Dieses Label bezeichnet einen Spezialitätenkaffee-Importeur, der fair gehandelte und Bio-Kaffees besonderer Qualitäten anbietet und die Farmer durch Erfahrungsaustausch und Trainings unterstützt.

Mein Tipp: kleine Röster, die direkt gehandelte Kaffees rösten. Da bekommt man genau die Information über die Farm und die jeweilige Varietät dazu und kann sicher sein, dass dieser Kaffee nach Geschmack und Qualität bezahlt wurde, nicht nach Börsepreis.

Bio-Kaffee

Bei biologisch angebautem Kaffee gibt es eine ähnliche Bandbreite an Zertifizierungen, wie „Bio“, „Bioland“, „Naturland“ oder „Bio Latina“ und andere. Hierbei gelten allerdings unterschiedliche Kriterien, denn Bio ist nicht gleich Bio. Die Begriffe „biologisch-dynamisch“ und „organisch-biologisch“ stehen für unterschiedliche Ansätze, ebenso wie das „Bio-Label“ der EU. Wenn der Betrieb oder das Produkt mit Letzterem ausgezeichnet wurde, darf die Bezeichnung „Bio“ auch dann verwendet werden, wenn nur 95 Prozent der Bestandteile ökologischer Herkunft sind.

Um als „Bio“ zu gelten, muss die Kaffeeproduktion aber zumindest ökologische Kriterien erfüllen. Je nach Verband können diese unterschiedlich ausfallen. Das europäische Bio-Siegel bedeutet etwa, dass ohne Einsatz synthetischer Pflanzenschutzmittel gearbeitet wurde und kein leicht löslicher mineralischer Dünger Verwendung fand. Eine weitere Voraussetzung ist der Mischanbau. Dabei gedeihen die Kaffeepflanzen zwischen Bäumen, Gewürzpflanzen und Obstkulturen. Dies birgt zwei wesentliche Vorteile: Einerseits bieten diese Pflanzen Schatten und Lebensraum für Tiere, andererseits können die Bauern mit mehreren Produkten handeln.

Bio-Kaffeefarmer legen großen Wert auf nachhaltige Bewirtschaftung. Selbst das abgeschälte Pergamenthäutchen wird hier als Streu für die Stallungen weiterverwendet.

Da eine Zertifizierung Geld kostet, ist sie für viele Kleinbauern nicht finanzierbar. Viele Farmen bieten Bio-Kaffees ohne Zertifizierung an, denn Düngemittel und Pestizide sind für sie einfach nicht leistbar. Labels und Zertifizierungen geben keine Auskunft über die Qualität der Bohnen. Ein Bio-Label etwa bedeutet nur, dass dieser Kaffee auf biologische Weise hergestellt wurde. Ob die Aufbereitung gut oder weniger gut war, lässt sich daran nicht ablesen.

Zertifizierte Kaffees, die für Nachhaltigkeit stehen, oder auch Bio-Kaffees erleben dennoch eine stark steigende Nachfrage bei den Endkunden. Große Firmen, etwa Sara Lee, verarbeiten gegenwärtig nach eigener Aussage zehnmal so viel nachhaltig erzeugten Kaffee wie noch vor fünf Jahren. Auch andere Firmen wie Kraft Foods/Jacobs, Nestlé oder McDonalds setzen auf das Argument der Nachhaltigkeit – oder werben zumindest damit. Bei dieser hohen Nachfrage kommen manchen Skeptikern Zweifel, ob genügend Kaffee vorhanden ist, der diesen Kriterien auch wirklich entspricht.

Kurze Geschichte des Kaffees

Im Vergleich zu Wein oder Bier ist Kaffee ein relativ junges Getränk. Erst seit rund 1.000 Jahren wird Kaffee gehandelt und zubereitet. In diesem Zeitraum entwickelte sich eine sehr vielfältige Kaffeekultur.

Die ersten Kaffeepflanzen wurden im Hochland Äthiopiens entdeckt. Doch vor einigen Jahren fanden Archäologen Reste von Kaffeebohnen auf dem Gebiet des heutigen Tschad. Sicher ist auf alle Fälle: Die Kaffeebäume stammen aus Afrika, und zwar aus einem Gebiet zwischen 20 Grad nördlicher und 20 Grad südlicher Breite.

Eine Reihe von Legenden rankt sich um die **Entdeckung der Kaffeebohne**, die einander im Kern ähneln. In einer Variante fiel einem Ziegenhirten namens Kaldi auf, dass seine Tiere die Früchte eines bestimmten Strauches fraßen und danach besonders munter waren. Am nächsten Tag kam es zum gleichen Schauspiel, woraufhin der Hirte selbst von den Früchten kostete. Von der anregenden Wirkung überrascht, brachte er einige zu seinem Imam. In einer anderen Variante wurde ein gewisser Omar in die Wüste verbannt. Das Einzige, was er dort zu essen fand, war ein Strauch mit roten Früchten. Omar überlebte und kehrte mit der Kaffeebohne zurück. Kurz gesagt, die Entdeckung des Kaffees war Zufall: in diesen und weiteren Legenden.

Danach dauerte es noch einige Zeit, bis aus den Früchten ein Getränk wurde. Anfangs wurden nämlich nur die Blätter zu Tee verarbeitet, dann das Fruchtfleisch und die Kerne – die Bohnen – zerstoßen. Daraus formte man mit Fett, Mehl und Wasser Kugeln, die man anschließend frittierte. Für die Sufis waren diese Kugeln ein probates Mittel, um für ihre langen Tänze fit zu bleiben. Die Sufis sollen es auch gewesen sein, die erstmals auf die Idee kamen, die zerstoßenen Bohnen mit Wasser zu übergießen und aufzukochen. Die Zubereitungsmethoden wurden mit der Zeit immer mehr verfeinert, bis es letztlich zum Kaffee kam, wie wir ihn heute kennen.

Eine Bohne geht um die Welt

Von Anfang an war Kaffee ein wichtiges Handelsgut. Als in den europäischen Ländern im 12. Jahrhundert exotische Gewürze Mode wurden und sich dafür hohe Preise erzielen ließen, suchten Händler aus dem Jemen, der sich zu einer Drehscheibe der verschiedenen Handelsrouten entwickelt hatte, nach neuen Geschäftsideen. Im heutigen Äthiopien wurden sie fündig. Schnell erkannten sie den Wert der Kaffeebohnen. Um die Handelswege zu verkürzen und für Nachschub zu sorgen, begann man im Jemen Anbauflächen für Kaffee anzulegen. Der Umschlagplatz für diese Ware war ein Hafen, der als „Mocha“ oder „**Mokka**“ bekannt ist und dessen Name zum Synonym für Kaffee wurde.
Man handelte anfangs die getrockneten Schalen der Frucht, die man aufbrühte. Später wurden die Bohnen in einem Mörser zerstampft und mit Wasser, Kardamom und Zucker aufgekocht. Erst als man die Bohnen auch zu rösten und mahlen begann, war der klassische Kaffee geboren, der viel intensiver schmeckte und stärker in der Wirkung war.
Besonders im **osmanischen Reich** wuchs die Nachfrage nach Kaffee unentwegt. Und als in Europa der Siegeszug des Kaffees begann, schnellten die Preise weiter in die Höhe. Deshalb waren viele Handelsnationen begierig darauf, selbst zu Produzenten zu werden. Dazu brauchten sie Pflanzen. Die Araber wollten sich ihr Handelsmonopol allerdings nicht nehmen lassen und verboten aus diesem Grund, Pflanzen oder Setzlinge außer Landes zu bringen. Die Plantagen wurden streng bewacht und die Bohnen selbst vor dem Export mit heißem Wasser übergossen, um ihre Keimfähigkeit zu reduzieren. Doch Geschäftssinn macht erfinderisch: Um 1600 soll ein indischer Pilger namens Baba Budan die ersten keimfähigen Bohnen nach Südindien geschmuggelt haben. Der Erfolg dürfte aber nicht durchschlagend gewesen sein, denn die ersten Kaffeeplantagen in Indien wurden erst um 1840 von den Engländern angelegt.
Die **Niederlande** schafften es als erste Nation, Kaffeepflanzen aus dem Jemen zu besorgen, die sie in ihren Kolonien anbauten: ab 1658 in Sri Lanka und ab 1699 auch auf Java. Dadurch war das arabische Monopol gebrochen. Die nächsten waren die Franzosen, die ab 1723 Kaffeepflanzen in der Karibik, konkret auf Martinique, kultivierten. Auch darum rankt sich eine abenteuerliche Geschichte: Ein Marineoffizier namens Gabriel-Mathieu de Clieu soll 1723 einen Setzling, der aus dem königlichen Garten von Ludwig XIV. stammte, unter großen Entbehrungen nach Martinique gebracht haben. Selbst seine Wasserration teilte er mit der Pflanze. Aber seine Mühen wurden von Erfolg gekrönt: Vier Jahre später gediehen die ersten Pflanzen auf der Insel.
Die weitere Verbreitung der Kaffeepflanze verlief weniger dramatisch. Kurz darauf wurden die Pflanzen in **Brasilien** heimisch, das um 1900 drei Viertel der Weltproduktion lieferte. Weitere südamerikanische Länder folgten, und schließlich legten die Engländer auch in Zentralafrika und Ostafrika Plantagen an.

Der Siegeszug des Kaffees

Um Kaffee als Volksgetränk durchzusetzen, waren einige Hürden zu überwinden. Als exotisches Produkt waren die Bohnen ursprünglich sehr teuer und dadurch reserviert für die adeligen Höfe. Anders als in den arabischen Ländern galten sie sogar als Heilmittel, das in Apotheken verkauft wurde. Doch die Neugier auf das neue Getränk war immens. Mit den ersten europäischen Kaffeehäusern – 1647 in Venedig, 1650 in Oxford und 1685 in Wien – begann der Siegeszug des Kaffees vor allem in den bürgerlichen Schichten. Das gehobene Bürgertum schätzte die stimulierende Wirkung. Bis dahin war es nämlich üblich, den Tag mit einem Getränk auf Weinbasis oder einer Biersuppe zu beginnen.

Der breite Durchbruch des Kaffees erfolgte gleichzeitig mit der **industriellen Revolution**. Durch die veränderten Arbeitsbedingungen in den Fabriken war es nötig, konzentriert zu arbeiten. Um die Wachsamkeit der Arbeiter zu steigern und die Zahl der Arbeitsunfälle zu verringern, wurde deshalb in den Fabriken Kaffee ausgeschenkt. Abgesehen davon war es für die Unternehmer sogar billiger, ihre Arbeiter mit Kaffeesud zu verköstigen als mit Biersuppe.

Kaffeehäuser wurden schnell zu Treffpunkten für das aufkommende Bürgertum. Hier saß man bei einer Tasse, las Zeitung und diskutierte. Diese Art der Zusammenkunft war den jeweiligen Herrschenden bald ein Dorn im Auge. Auch in den osmanischen Ländern waren jene Lokale, die Kaffee ausschenkten, ein guter Ort für Gespräche und Diskussionen. Selbst die Französische Revolution soll ihren Ausgang in einem Pariser Café genommen haben. Trotz mancher Verbote ließ sich der Siegeszug der Kaffeehäuser nicht mehr verhindern. Das bis heute gültige Image von Kaffee als Getränk, das Wachheit und Lebendigkeit fördert, stammt aus dieser Zeit.

Der erste Kaffeesieder Wiens war, der Überlieferung entsprechend, **Franz Kolschitzky**. Er arbeitete 1683, als die Türken Wien belagerten, für die österreichische Armee und überbrachte die Nachricht vom Eintreffen des polnischen Heeres. Damit begann der letztlich erfolgreiche Versuch, sich von der türkischen Belagerung zu befreien. Sie flohen und ließen viel zurück, darunter auch einige Säcke mit Bohnen. Diese Bohnen erbat sich Kolschitzky, der schon wusste, was man damit machen könnte. 1686 kam es dann zur Gründung seines Kaffeehauses „Zur blauen Flasche" in der Domgasse. Der Armenier Johannes Diodato hatte zwar schon ein Jahr zuvor das kaiserliche Privileg erhalten, Kaffee auszuschenken, und zwar exklusiv auf 20 Jahre, doch schon ein Jahr später war es mit dem Monopol vorbei und Diodatos Proteste waren fruchtlos. Sein Kaffeehaus stand in der Rotenturmstraße 14. Heute ist dort das Café Daniel Moser untergebracht.

Franz Kolschitzky schlug sich während der Zweiten Wiener Türkenbelagerung verkleidet durch die feindlichen Linien und erhielt als Belohnung die Bohnen für das erste Kaffeehaus Wiens.

Instantkaffee

Seit 1938 gibt es löslichen Kaffee, auch Instantkaffee genannt. Zum Kaffeemachen schüttet man nur einen Löffel eines Pulvers in eine Tasse, gießt heißes Wasser dazu und rührt um. Kaffeeliebhaber sind beim Gedanken an Instantkaffee meist nicht gerade begeistert, aber in manchen Ländern wie Großbritannien, Russland oder Griechenland – nicht jedoch im deutschen Sprachraum – hat er beachtliche Marktanteile.

Die Idee dazu kam aus Brasilien. 1930 gab es eine Rekordernte, doch wegen der Wirtschaftskrise nicht die entsprechende Nachfrage. Um die Preise zu halten, mussten erhebliche Mengen Kaffee vernichtet werden, aber selbst danach quollen die Lager noch über. Um künftige Überschüsse nicht auf diese Weise entsorgen zu müssen, suchte man einen Weg, Kaffeebohnen haltbarer zu machen. Die brasilianische Regierung wandte sich an die Firma Nestlé mit dem Vorschlag, Kaffeekonzentrat in Würfelform zu entwickeln. Immerhin hatte Nestlé schon Erfahrung mit derartigen Prozessen, da in dieser Firma die Trockenmilch entwickelt wurde.

Einige Jahre zogen ins Land. Aus den Würfeln wurde nichts, aber ein Pulver erwies sich als die perfekte Lösung. Dank einer neuen Technik wurde es erstmals möglich, die flüchtigen Aromastoffe zu konservieren. Die Bohnen werden gemahlen und mit heißem Wasser aufgegossen. Dabei werden die Aromen herausgelöst, über Wasserdampf mit den in Kaffeebohnen natürlich vorkommenden Kohlehydraten gebunden und als Konzentrat gelagert. Den Kaffeeextrakt löst man vom Satz und sprüht ihn mit warmer Luft in eine Trockenkammer. Dort bildet er Tröpfchen, die sofort getrocknet werden und als trockene Partikel zu Boden fallen. Dann werden sie noch einmal mit Wasserdampf besprüht.

Das heute gebräuchlichere Verfahren ist die Gefriertrocknung. Der Kaffeeauszug wird bei Temperaturen von -40° bis -50°C gefroren und gemahlen. Die kleinen Eisstückchen kommen dann in eine Gefriertrocknungsanlage, wo unter Vakuum und Erwärmung das Wasser verdampft und der Kaffeeextrakt als Pulver zurückbleibt. Dann wird das konservierte Aroma wie bei der älteren Sprühtrocknungstechnik wieder zugeführt.

Der Verkauf und damit der Erfolg des Produkts wurde durch den Zweiten Weltkrieg enorm gefördert. Soldaten bekamen damit eine praktische Möglichkeit, rasch Kaffee zu machen. Danach verbreitete sich der Kaffee schnell in alle Länder und galt in den 1950er-Jahren als modern und schick. Die Marke „Nescafé" wurde zum Synonym für Instantkaffee im Allgemeinen, obwohl ihn heute viele große Hersteller im Sortiment haben. Heute gibt es einige hundert Instantprodukte weltweit, natürlich auch entkoffeiniert und mit verschiedenen Geschmacksvarianten. Das Ergebnis wird dann aber „Kaffeegetränk" genannt, denn ein als „löslicher Kaffee" deklariertes Produkt darf keine Zusätze enthalten.

Derzeit im Trend liegt Fairtrade-zertifizierter löslicher Kaffee. Laut Angaben von Transfair stieg der Anteil von Extraktkaffee mit Fairtrade-Label in Deutschland im Jahr 2008 um 15 Prozent an.

Kaffee Praxis

Das Rösten

Um die 1.000 Aromastoffe finden sich geschätzt in jeder Kaffeebohne: Entdeckt wurden bisher über 800, und es wird weiter geforscht. Freigesetzt werden sie durch langsame, fettfreie Erhitzung – das Rösten.
Der spezifische Charakter einer Kaffeesorte wird durch Erhitzen geformt. Je nach Sorte oder Mischung gibt es eine optimale Rösttemperatur und -dauer. Verarbeitet wird allerdings nicht nur der reinsortige Kaffee, sondern oft ein „*Blend*", eine Mischung aus zwei oder mehr Kaffeesorten, die stark oder mild sein kann. Wichtig dafür sind auch das Herkunftsland und die Art der Verarbeitung. Wer einen bestimmten Kaffee gewöhnt ist, möchte, dass er immer annähernd gleich schmeckt, und diese Konstanz lässt sich nur mit einem Blend erzielen. Die Kunst liegt darin, die Zusammenstellung verschiedener Kaffeesorten so vorzunehmen, dass ihre individuellen Charaktereigenschaften vorteilhaft vereinigt werden.
Die Röstung ist des Weiteren auf die spätere Verarbeitung abgestimmt. Deshalb gibt es unterschiedliche Röstungen für Filter-, Mokka- und Espressokaffee, die untereinander selten austauschbar sind. Wird etwa eine typische Röstung für Filterkaffee als Espresso zubereitet, schmeckt das Ergebnis wahrscheinlich unbefriedigend. Umgekehrt verliert man manche feine Aromen, wenn der Kaffee länger und dunkler geröstet wird, da beim Espresso bittersüße Nuancen und Röstnoten im Vordergrund stehen.

Röstung und Säure

Feine Säuren sind in vielen Kaffees erwünscht und sorgen für ein lebendiges und fruchtiges Geschmacksbild. Man darf „Säure" jedoch nicht mit „saurem Geschmack" verwechseln, denn eine feine Säure wirkt spritzig und verhindert, dass der Kaffee flach und schal schmeckt. Beim Rösten soll ein ausgewogenes Verhältnis zwischen Säure und Körper, Bitterkeit und Süße hergestellt werden.
Säuren sind zudem ein wichtiger sensorischer Parameter. Im Kaffee finden sich rund 100 verschiedene Säuren, wie Essigsäure, Ameisensäure, Apfelsäure, Zitrussäure, Milchsäure sowie Chinasäure und Chlorogensäure – bei dunkleren Röstungen nimmt die Konzentration der beiden letzten ab. Bei zunehmender Röstdauer bauen sich die Säuren kontinuierlich ab.
Erhitzt man Kaffee dagegen mehr als 30 Minuten oder lässt man ihn länger auf einer Heizplatte stehen, geht das Aroma verloren, der pH-Wert sinkt und der Gehalt an Gerbsäure nimmt zu – der Kaffee schmeckt sauer und bitter.
Wer besonders säurearmen Kaffee möchte, kann z.B. auf einige Robusta-Sorten zurückgreifen, die von vornherein einen niedrigen Säuregehalt haben. Nachteil ist der nicht immer befriedigende Geschmack. Einige Kaffeearten sind aufgrund ihrer Herkunft und Aufbereitung säureärmer als andere. Auch kalte Extraktion macht den Kaffee milder. Unter den Filtervarianten ergibt die Karlsbader Kanne den relativ säureärmsten Kaffee, da hier der Mahlgrad gröber und die Extraktionszeit kürzer ist.

Geschichte und Technik

In Röstpfannen wie diesen wurde noch bis Mitte des 20. Jahrhunderts in vielen Haushalten Kaffee selbst geröstet.

Seit Kaffee in Privathaushalten getrunken wurde, röstete man ihn selbst. Die Bohnen wurden dabei meist in einer **Pfanne** mit Deckel am Herd erhitzt. Später kam noch eine Handkurbel im Deckel hinzu, mit der man das Anbrennen leichter verhindern konnte. Geröstet wurde auch in kleinen Eisentrommeln über einem Brenner, die mit einer Kurbel bewegt wurden. Diese Verfahren entwickelte man schon im 16. und 17. Jahrhundert. Sie wurden zwar etwas verfeinert, blieben aber in der Technik im Wesentlichen gleich. wie man sich vorstellen kann, war das Rösten damals eine langwierige Aufgabe – und das Ergebnis war auch nicht immer konsistent und häufig verbrannt.

Im 19. Jahrhundert entwickelten Firmen große Röster aus Gusseisen, um die steigende Nachfrage nach Kaffee decken zu können. Das älteste Verfahren zur industriellen Kaffeeröstung ist die traditionelle **Trommelröstung**. Die größten dieser Röster fassen etwa 360 kg; es gehört viel Fingerspitzengefühl dazu, den Röstvorgang zu überwachen. Die Bohnen werden durch die heiße Luft und durch den Kontakt mit der Trommel sowie den Kontakt untereinander geröstet. Die Dauer variiert zwischen zwölf und 20 Minuten.

Im vergangenen Jahrhundert enstanden weitere Röstverfahren, wie der Schalenröster oder das Wirbelfließbett, durch die der Vorgang sehr beschleunigt werden konnte. Mit einem **Schalenröster** können bis zu 400 kg auf einmal verarbeitet werden. Die Temperatur steigt schnell an und die Röstzeit variiert zwischen 90 Sekunden und acht Minuten. Bei **Wirbelfließbett-** und kontinuierlichen Röstern werden Mengen bis 4.500 kg durch einen Heißluftstrahl von rund 400 bis 600 Grad gejagt und dann mit eingesprühtem Wasser („*Quenching*“) gekühlt. Je nach Ausführung beträgt dabei die Dauer zwischen 90 Sekunden und zwölf Minuten. Optisch sind solche Bohnen von länger geröstetem Kaffee kaum zu unterscheiden, allerdings sind sie im Geschmack kaum nuanciert und ihr Säuregehalt bleibt relativ hoch. Die Farbe gibt also wenig Auskunft über den Geschmack – es kommt vielmehr darauf an, ob schnell bei hoher oder langsam bei niedriger Temperatur geröstet wurde. Schnell und heiß gerösteten Kaffee erkennt man an seiner im Vergleich zur Außenhaut der Bohnen hellen Farbe im gemahlenen Zustand.

Professioneller gasbeheizter Röster für bis zu 7 kg Rohkaffee

Was geschieht beim Rösten?

Proberöster für Verkostungen

Einfach formuliert: Die Bohnen werden größer und ihr Gewicht nimmt ab. Das lässt sich leicht erklären: Die Feuchtigkeit in den Bohnen des Rohkaffees verdampft durch die Hitze und erhöht dadurch den Innendruck. Verdampfung und Röstgase wie Kohlenmonoxid und Kohlendioxid lassen die Bohne bis auf das Doppelte anschwellen. Der Druck kann aber erst entweichen, wenn die Zellwände der Bohne spröde geworden sind und mit knisterndem Geräusch Risse bekommen. Dieses Knistern wird „*first crack*“ genannt. Durch die Hitze entsteht auch eine chemische Reaktion, die sogenannte Maillard-Reaktion, bei der Kohlenhydrate wie Zucker und freie Aminosäuren ab- und zu neuen Verbindungen umgebaut werden. Dadurch entstehen die **Röstaromen** und die für den Kaffeegeschmack wichtigen Bitterstoffe. Das Knacken ist ein wichtiger Indikator für den Röster, da die Bohne ab diesem Zeitpunkt immer mehr Feuchtigkeit verliert. Für eine helle Röstung wird nun der Vorgang abgebrochen. Manche Sorten werden aber bis zu einem zweiten Knacken und noch darüber hinaus geröstet.

Deshalb ist die **Röstdauer** für das Aroma, aber auch für die Säurebildung eines Kaffees ausschlaggebend. Je länger der Kaffee geröstet wird, desto komplexere Aromaverbindungen können entstehen. Werden die Bohnen sehr dunkel geröstet, entstehen mehr Bitterstoffe, weshalb manche Sorten eher bitter-schokoladig schmecken. Für fruchtige, blumige Nuancen sollten die Bohnen heller bleiben. Diese Regel gilt unabhängig davon, für welche Zubereitungsart (Espresso- oder Filterkaffee) die Bohnen vorgesehen sind.

Ist der ideale Röstgrad erreicht, müssen die Bohnen sehr schnell **gekühlt** werden, da sie auch außerhalb des Rösters weitergaren. Von der Rösttrommel fallen sie in eine gelochte Kühlschale mit Luftabzug und Rührstab. Das Kühlen kann bis zu zehn Minuten dauern, je nach Größe und Tiefe der Schale. Bei Industrieröstern wird mitunter auch mit Wasser schnell gekühlt, was zwar der Industrie eine wertvolle Zeitersparnis und Gewichtszunahme bringt, aber leider den Geschmack verändert.

Die gerösteten Bohnen weisen manchmal seidigen Glanz oder sogar Flecken auf, die von während des Röstens ausgetretenen Ölen stammen. Diese Öle sind wichtig für das Aroma, verflüchtigen sich jedoch schnell und können bei Kontakt mit Sauerstoff ranzig werden. Deshalb empfehlen sich eine luftdichte Verpackung und gute Lagerung (siehe Seite 65). Innerhalb der ersten Tage nach der Röstung schmeckt der Kaffee scharf; richtig trinkfertig, also ausgewogen, ist er erst nach rund 7–14 Tagen.

Frisch gerösteten Kaffee zu bekommen, ist zwar nicht schwierig – aber auch nicht mehr so einfach wie früher. In Deutschland sind heute noch rund 150 Kleinröstereien in Betrieb, während es vor 60 Jahren noch um die 5.000 gab. In Österreich und der Schweiz ist das Verhältnis ähnlich, wobei es einen Trend zu Spezialitätenröstereien gibt. Besonders in den größeren Städten ist es also relativ leicht, zu einer speziellen Mischung zu kommen. Ansonsten empfiehlt sich das Internet als Quelle, denn viele Röstereien bieten ihre Waren dort an und versenden relativ schnell (siehe Seite 194).

Übrigens: Kaffeeröster ist kein Lehrberuf. Den könnte professionell eigentlich jeder ausüben. Alteingesessene Betriebe punkten allerdings mit ihren Röstprofilen, die durch die Erfahrung des Röstens gewonnen werden und eine gleich bleibende Qualität garantieren. Diese Profile werden von jedem Röster sorgsam gehütet.

Durch das kleine Glasfenster an der Vorderseite der Röstmaschine kann man die aktuelle Farbe und Größe der Kaffeebohnen beobachten.

Kurz vor Ende des Röstvorgangs entnimmt der Röster mehrere Stichproben.

Es braucht viel Erfahrung, zu entscheiden, wann man den Röstvorgang stoppt, denn auch in der Kühlphase röstet der Kaffee noch etwas nach.

Im Kühltray rotiert ein Rührwerk, um die Bohnen zu bewegen. Gleichzeitig wird Luft durch den perforierten Boden nach unten gezogen, um die Abkühlung zu beschleunigen.

Je breiter und flacher die Kühlschale und umso stärker der Luftabzug, desto rascher kann der Kaffee abkühlen.

Das Rösten zu Hause

Um einen ganz frisch gerösteten Kaffee, vielleicht sogar noch eine eigene Mischung, einen selbst kreierten Blend genießen zu können, führt kein Weg daran vorbei, selbst zu rösten. Heute gibt es gute Röstmaschinen für den Hausgebrauch, in der Regel sind es Trommelröster, die – eine gewisse Erfahrung vorausgesetzt – sehr gute Ergebnisse liefern. Die Größe der Maschine ist beim Rösten nicht entscheidend, es kommt vielmehr auf Augen, Ohren, Nase und die eigene Sensibilität für das Kaffeerösten an. All das muss geschult werden, man findet aber schnell heraus, welche Dauer und welche Technik zu den Bohnen und zu einem selbst passen. Der Zeitaufwand hält sich in Grenzen: Man muss etwa 20 Minuten für das Rösten veranschlagen. Dafür hat man allerdings etwas ganz Besonderes zu Hause. Wer auf Nummer sicher gehen will, verwendet zum Rösten ein ausschließlich dafür hergestelltes Gerät. Wer aber experimentierfreudiger eingestellt ist, kann auch mit einem Popcornröster gute Ergebnisse erzielen.
Beim Rösten kommt es vor allem auf den Röstgrad an. Dafür gibt es eine Vielzahl

Das richtige Equipment für das Rösten zu Hause: Kaffeeröster für den Hausgebrauch sind meist Trommelröster.

von Skalen, da sich die Röstnamen von Kontinent zu Kontinent und von Land zu Land unterscheiden. Alleine im deutschen Sprachraum gibt es Skalen mit vier, fünf oder sechs Röstgraden. Das sind etwa Hell, Mittelhell, Mittel, Mitteldunkel und Dunkel. In den USA werden zumindest zehn Röstgrade unterschieden, bei manchen Geräten lassen sich sogar 15 Röstgrade einstellen. Man hat also die Qual der Wahl – erschwerend kommt hinzu, dass sich die jeweiligen Röster nicht auf einheitliche Bezeichnungen einigen können. Letztlich ist aber der persönliche Geschmack ausschlaggebend für den gewünschten Röstgrad. Der ideale Röstgrad variiert natürlich auch nach Verwendungszweck: Für eine Filtermaschine oder eine French Press wird man die Bohnen heller rösten als für eine Espressomischung.

Experimentierfreudige können auch mit einem Heißluft-Popcornröster guten Kaffee rösten – aber Vorsicht: Die Hersteller übernehmen keine Garantie für nicht bestimmungsgemäße Verwendung.

Verschiedene Röstgrade

1 **Light Cinnamon** – Sehr helles Braun, das sich noch vor dem ersten Knacken bildet.

2 **Cinnamon** – Hellbraune Farbe, stellt sich zu Beginn des ersten Knackens ein.

3 **New England** – Das Hellbraun wird dunkler und zeigt den Höhepunkt des ersten Knackens an.

4 **American (Light)** – Ein mittleres Braun, das ein Ende des ersten Knackens signalisiert.

5 **City (Medium) und Plus** – Wenn das erste Knacken abgeschlossen ist, werden die Bohnen noch etwas dunkler.

6 **Full City** – Ein mittleres Dunkelbraun, bevor das zweite Knacken einsetzt. Zu sehen sind auch sehr kleine Öltröpfchen.

7 **Viennese** oder **Wiener Röstung** – Die Öltröpfchen sind nun deutlich sichtbar, die Farbe wechselt zu Dunkelbraun, das zweite Knacken beginnt.

8 **French** – Jetzt glänzt die Oberfläche der Bohnen stark, das Dunkelbraun wird kräftiger und das zweite Knacken ebbt ab.

9 **Italian** – Ein kräftiges Dunkelbraun, die Bohnen glänzen stark.

10 **Spanish, Dark French** oder **Neapolitan** – Die Oberfläche ist jetzt fast schwarz und matt.

Weltweit wird Kaffee immer noch verbrannt oder zu lange „gebacken". Aus dem Norden Europas kommt der Trend, extrem hell zu rösten, um mehr von den Fruchtnoten des Kaffees und dessen Süße zu bewahren und Bitterkeit zu vermeiden. Oft kopiert, meist unterentwickelt statt hell geröstet, kopieren viele „Third Wave Röster"[1] diese Profile. Mit der Zeit werden die Kaffeetrinker davon überzeugt, dass Kaffee eine Frucht ist und somit fruchtig schmecken darf. Brandig, bitter und Carbongeschmack stehen nicht für „starken Kaffee", wie oft behauptet wird, sondern weisen auf Röstfehler hin, die viele Kaffeetrinker dazu bewegen, Milch und Zucker in ihre Kaffees zu schütten. Ein guter Kaffee schmeckt auch ohne Milch und Zucker.

[1] Die neue Generation an Spezialitätenkaffeeröster, die bestrebt ist, sortenreine Kaffees möglichst direkt zu beziehen und artgerecht zu rösten.

Eigene Röstprofile erstellen

Das perfekte Profil für einen Kaffee zu finden, ist eine Wissenschaft. Je mehr ich an meinem Röster kontrollieren kann, umso besser. Mein Röster der Marke Coffeetool misst drei verschiedene Temperaturen: Gaskammer, Abluft und Bohnentemperatur, Letztere unten in der Trommel, wo die Bohnen am heißesten sind. Und je nachdem, ob ich Filter- oder Espressokaffee rösten möchte, werde ich unterschiedlich entwickeln. Das Rösten fängt beim Einwerfen der Bohnen bei +/– 180 Grad (abhängig von Röstergröße und Bohnenmenge) an. Nach einem Temperaturabfall in der Rösttrommel beginnen sich die Bohnen zu erhitzen. Wenn man keine Software besitzt, die die Kurven aufzeichnet, ist es ratsam, selbst Verlauf und Veränderungen minütlich auf Papier zu notieren.
Man probiert immer mehrere Profile, um herauszufinden, welches für den jeweiligen Kaffee passt. Denn die Sorten sind unterschiedlich, nicht nur durch ihre Spezies, auch in Form, Größe, Dichte, Alter, Feuchtigkeitsgehalt, Wasseraktivität etc. All das beeinflusst mein Röstprofil! Und hat man ein passendes gefunden, heißt das nicht, dass beim nächsten Mal die gleichen Einstellungen verwendet werden können. Der Röster erhitzt nämlich am Anfang und gegen Ende des Rösttages verschieden schnell. Luftfeuchtigkeit und Raumtemperaturen können ebenfalls den Röstvorgang beeinflussen.
Besonders wichtig ist die Entwicklungsphase ab dem ersten Crack (das Knacken bei rund 200 Grad Bohnentemperatur). Um herauszufinden, wie lange und zu welcher Endtemperatur man rösten darf, ist es wichtig, zuerst viel über Chemie und Physik des Röstens zu lernen: Was passiert wann und bei welcher Temperatur innerhalb der Bohnen? Wer das nicht weiß, kann nicht rösten und ist auf Zufallstreffer angewiesen. Man sollte wissen, wann welche Säuren abgebaut werden, ab wann die Bitterkeit beginnt, wie man den Verlust der Süße verhindert, etc.

Temperatur langsam steigern

Hier nur ein Beispiel: Trigonellin (Nicotinsäure-N-methylbetain) ist ein Alkaloid und kommt in Mengen von 0,3–1,1 % vor. Aus Trigonellin bildet sich beim Rösten Vitamin B3, wodurch eine Tasse Kaffee etwa 10 % des täglichen Bedarfs an diesem Vitamin abdecken kann – je nach Röstgrad und Zubereitungsmethode. Bei 217 °C kann es allerdings zu reiner Nicotinsäure demethylieren, was den Geschmack wieder negativ beeinflusst. Die bis dahin erhaltenen klaren Aromen werden rau, erdig.

Der Verlauf im Überblick

Von der rohen Kaffeebohne bis zur dunklen Röstung: Es ist deutlich zu sehen, wie sich nicht nur die Farbe, sondern auch die Größe der Bohnen verändert. In der Mitte hat sich dadurch auch schon das Silberhäutchen gelöst.

- Einwurf der Bohnen, Absinken der Temperatur in der Trommel
- Die Bohnen nehmen nun Wärme an, Trommel- und Bohnentemperatur steigen wieder.
- Farbveränderung ab circa 100°C: Die Bohnen werden gelblich. Ab 100°C Innentemperatur kocht das Wasser in den Bohnen und fängt an zu verdampfen – es kommt zu einem exothermen Energieschub.
- Bis 140°C ist fast alle Restfeuchtigkeit verdampft, von anfänglich 10–12 % bleibt circa 1 % übrig. Die Bohnen werden bräunlich.
- Die Bohnen sind nun trockener. Entstehendes CO_2 dehnt die Zellen aus, was zu kleinsten Rissen führt. Die Bohnen sind nun hellbraun.
- Bei ziemlich exakt 200°C, was man nur mit einem Thermometer an der richtigen Stelle im Röster messen kann, tritt das meiste Gas aus. Ein deutliches Knacksen, klingt wie auf Glas prasselnde Nadeln, definiert den „1st Crack". Die Bohnen verfärben sich langsam dünkler braun und dehnen sich noch weiter aus. Die Oberfläche wird glatter.
- Ab jetzt liegt es am Röster, wie weit er seinen Kaffee entwickeln möchte. Dieser verliert nun zunehmend an Süße, danach an Fruchtnoten. Der Kaffee wird bei gleichbleibender Temperatur holzig, bei steigender bitter. Das kann bis zu Holzkohlearomen oder Gummiabriebgeschmack führen. Der perfekte Schmelzpunkt der zuckerartigen Verbindungen (bei 187°C) ist beim Cracken schon längst überschritten worden, weshalb eine gewisse „Röstnote" vor allem in Espressi kaum zu vermeiden ist. Hell zu rösten, ohne dass es unterentwickelt schmeckt, ist die wahre Kunst des Röstens. Verbrennen oder schonend zu Tode backen kann jeder.
- Zum zweiten Crack wird es ein Röster, der Kaffee aufgrund seiner Herkunft, Varietät und Geschmacksnoten eingekauft hat, kaum kommen lassen, da in diesem Stadium nichts mehr vom ursprünglichen Charakter des Kaffees zu erkennen ist. Es wäre schade um die teuer eingekaufte Rohware.
- Auch das Abkühlen ist wichtig. Dauert es zu lange, werden Röstvorgänge nicht rechtzeitig gestoppt. Je nach Kaffeemenge sollten die Bohnen in 3–5 Minuten nur mehr handwarm sein.

Die richtige Mischung: Reinsorte oder Blend

Für Kaffeehersteller gehört neben dem Rösten das Mischen zu den kreativsten Tätigkeiten und ist gleichzeitig doch auch Routine. Bevor gemischt wird, müssen die Kaffees verkostet werden. Optimal ist es, wenn die guten Eigenschaften der einzelnen Sorten einander ergänzen. Manche Sorten werden in der Kombination harmonischer und runder. Die Mischung sollte besser sein als ihre einzelnen Komponenten. Jede Ernte bringt andere Geschmacksnuancen: Wie beim Wein ist nicht jeder Jahrgang gleich. Da die Kunden aber gleichbleibende Qualität gewöhnt sind, müssen die Bohnen fast notgedrungen gemischt werden.

Außerdem gibt es für Filterkaffee oder für Espresso unterschiedliche Blends. In den Kaffeemischungen bekannter Hersteller finden sich acht und mehr Kaffeesorten unterschiedlicher Herkunft. Die Rezepturen werden streng geheim gehalten, doch gibt es einige bekannte Regeln. So werden für einen Blend zumeist Sorten einer Qualitätsebene verwendet, denn selbst Bohnen geringerer Qualität kommen in der Kombination besser zur Geltung. Manche Reinsorten können aber durchaus auch als Single Origin genossen werden: Der Kaffee sollte einen sauberen Geruch, gute Aromen, einen kräftigen Körper und einen runden Abgang haben.

Ob vor oder nach einer Röstung gemischt wird, ist für einen professionellen Röster eine Frage der Strategie oder der Betriebsphilosophie. Wenn zuerst geröstet wird, kann für jede Sorte der Röstgrad individuell bestimmt werden. Dadurch lassen sich nicht nur verschiedene Sorten miteinander, sondern auch leichtere mit stärkeren Röstungen kombinieren. Manche Bohnensorten sind auch größer, trockener, poröser als andere und brauchen beim Rösten etwas mehr Zeit.

Wer selbst eine eigene Kaffeemischung zusammenstellen möchte, sollte vor allem eine klare Vorstellung von seinem Ziel haben: In welche (Geschmacks-)Richtung soll es gehen? Dazu gehört auch die Kenntnis der einzelnen Sorten und ihrer Eigenschaften, die man durch reinsortiges Verkosten erlangt. Für einen gelungenen Blend braucht man Fingerspitzengefühl, aber auch die Experimentierfreude sollte nicht zu kurz kommen. Rohkaffeebohnen bekommt man bei manchen Kaffeeröstern.

Die Aromen bewahren: verpacken und lagern

Links eine Kaffeeverpackung mit Überdruckventil, rechts ohne – deutlich aufgebläht durch das Entgasen des CO_2s aus den frischen Kaffeebohnen.

Gerösteter Kaffee wird luftdicht unter Vakuum verpackt, frisch geröstete Bohnen am besten in einer Verpackung mit einem Einwegventil. Dadurch können die Bohnen noch mehrere Tage lang „ausgasen“: Da der Druck in den Zellen größer ist als der Außendruck, tritt aus den porösen Zellen der gerösteten Bohnen langsam **Kohlendioxid** aus, bis der Druck ausgeglichen ist. Durch das Einwegventil können die verbliebenen Gase entweichen, ohne dass Sauerstoff eindringen kann.
Das Kohlendioxid hat einen weiteren, positiven Effekt. Die delikaten Aromen von frisch geröstetem und gemahlenem Kaffee halten nicht lange an. Nach etwa zwei Minuten verliert der Kaffee bereits den Großteil seines Aromas, nach zehn Tagen riecht er schal, nach einigen Wochen wird er ranzig. Die Struktur der Bohne schützt den Kohlendioxidgehalt eine Weile in den Poren. Wenn der Kaffee also mit Schutzgas (Kohlendioxid oder Stickstoff) und mit nur minimalen Restbeständen von Sauerstoff verpackt wird, dann erhöht das dessen Haltbarkeit.
Kaffee reagiert sehr stark auf Kälte, Hitze, Temperaturschwankungen, Luftfeuchtigkeit und Sauerstoff: Wenn die Packung geöffnet wird, beginnt die Oxidation einzusetzen, gehen flüchtige Stoffe verloren, verändern sich Fettsäuren schneller und Luftfeuchtigkeit wird aufgenommen. Daher darf der Kaffee nicht über Nacht im Behälter des Mahlwerks bleiben, auch nicht in Form von Bohnen. Schon am nächsten Tag wird er mit Sicherheit schal schmecken und weniger Crema ergeben.

Kaffee ist stark hygroskopisch. Nach dem Rösten hat er nur noch 1–5 Prozent Eigenfeuchtigkeit, unsere Umgebung weit mehr! Dadurch saugt Kaffee die **Luftfeuchtigkeit** regelrecht an, was sich negativ auf das Aroma auswirkt. Aus diesem Grund sollte gemahlener Kaffee nie im Kühlschrank aufbewahrt werden, denn in kalter Umgebung kondensiert die Luftfeuchtigkeit an den Bohnen und noch stärker am gemahlenen Kaffee, zudem können hier Fremdgerüche auf das Aroma einwirken. Um Aromaverlust durch Feuchtigkeit zu vermeiden, sollte man nie auf der Seite des Mahlwerks Milch schäumen und die Espressomaschine nicht direkt über einen Geschirrspüler stellen.

Im **Tiefkühlschrank** soll die trockene Kälte das Aroma konservieren. Das ist nicht falsch, doch kommt es beim Auftauen wieder zu einem hygroskopischen Effekt, wenn die Luftfeuchtigkeit an den kalten Bohnen kondensiert. Wenn man Kaffee also, um den Alterungsprozess zu verlangsamen, einfrieren möchte, muss man darauf achten, dass der Kaffee beim Herausnehmen aus dem Tiefkühlschrank erst auf Zimmertemperatur gebracht und erst dann geöffnet wird, um eine Kondensation der Luftfeuchtigkeit an kalten Bohnen zu verhindern. Lange Zeit habe ich gedacht, das Einfrieren schade durch die Veränderung der Öle dem Geschmack. Nach drei Versuchen musste ich aber feststellen, dass der Kaffee, der gleich nach dem Rösten eingefroren wurde, nach zwei, drei und vier Monaten besser schmeckte als der Kaffee aus der gleichen Charge, der bei normaler Temperatur gelagert wurde. Kauft man also einmal zu viel Kaffee, ruhig einfrieren, aber nicht vergessen: langsam auftauen, bevor man die Packung öffnet.

Am besten ist jedoch, man kauft Kaffee immer frisch geröstet, mahlt ihn für jede Portion frisch und trinkt ihn heiß.

Gerösteten Kaffee richtig lagern

Am besten hält sich Kaffee ungemahlen bei Raumtemperatur in der Originalverpackung. Ein Umfüllen in Dosen sollte man vermeiden, denn dabei kommt es zu einem Aromaverlust, zudem setzen sich am Dosenrand schnell Fette und ätherische Öle fest, die ranzig werden können. Außerdem befindet sich immer relativ viel Luft in der Dose. Wenn schon Kaffee verbraucht wurde, die Verpackung zusammenrollen, mit einem Gummiband oder Ähnlichem fixieren und wieder in die Dose stecken. Die Temperatur darf bis auf 24 Grad steigen. Wichtig ist es, schnelle Temperaturschwankungen zu vermeiden.

Physikalisch-chemische Details beim Rösten

Ziel des Röstens ist es, den Röstvorgang im richtigen Moment zu stoppen und die Temperatur so zu regulieren, dass die Aromen voll entwickelt sind und die Farbe aller Bohnen gleichmäßig ist. Wichtige Aspekte dabei sind die Temperatur, deren Verteilung im Röstgerät, die Konsistenz der Bohnen sowie deren Veränderung beim Röstvorgang. Da sich alle diese Parameter während des Röstens ständig ändern, lässt sich im Vorhinein keine genaue Rezeptur festlegen. Man muss deshalb ständig auf die möglichen Änderungen reagieren.

Der Ablauf des Röstens

Die innere Struktur einer Bohne ist heterogen: Bei Hitzeaufnahme schwillt sie an und verändert sich.

Chemisch-technisch gesehen ist der Röstprozess eine Kombination aus endo- und exothermen Reaktionen. Wärme wird von den Bohnen aufgenommen und auch wieder abgegeben. Dadurch verringert sich die Feuchtigkeit in der Bohne abhängig vom jeweiligen Zeitpunkt.

Die Hitze trifft also zuerst mittels eines heißen Luftstroms auf die Oberfläche der Bohne, wird dann durch Abstrahlung und Kontakt der Bohnen untereinander weiter übertragen, je nach Art des verwendeten Rösters.

Das Ansteigen der Temperatur bewirkt, dass es zum Inneren der Bohne hin immer heißer und ihre Hülle immer poröser wird. Die Flüssigkeit in der Bohne verdunstet und wandelt sich in Dampf um, der sich ebenfalls ins Innere bewegt. Der Dampf kann jedoch nicht entweichen, weshalb der Druck im Inneren der Bohne anschwillt und sie sich ausdehnt.

Da das Verdampfen ein endothermer Prozess ist, verlangsamt das kurzfristig den Temperaturanstieg in der Bohne.

Durch Hitze und Dampf in der Bohne entsteht ein thermischer und mechanischer Druck aus der Kernmitte, der stetig wächst und sobald er die Dehnbarkeit der Zellwände und der äußeren Hülle überstiegen hat, die Bohne bersten, manchmal auch zerbrechen lässt.

Die Röstreaktionen, wie das Bräunen und Entstehen von aromatischen Verbindungen bei erhöhtem Innendruck, beginnen bei rund 160 Grad, zuerst an der Oberfläche, dann bis ins bereits vorgetrocknete Innere der Bohne.

Dieser zweite Schub der Wärmeverteilung ist exotherm. Gase entstehen, hauptsächlich Kohlendioxid, und erhöhen den Druck in den Zellen, in denen sie eingeschlossen sind. Wenn der Druck stark genug ist, durchbrechen die Moleküle die teils beschädigten Zellwände und schwächen somit deren Struktur.

In der Bohne herrscht ein Temperaturunterschied zwischen der sich durch das Verdunsten der Flüssigkeit noch verändernden und der bereits gerösteten Zone. Dieser hängt von der Hitzezufuhr von außen und der jeweiligen spezifischen Struktur der Bohnensorte ab, da sich je nach Art der Bohne die Temperatur anders auswirkt.

Um also die Röstung so homogen wie möglich zu gestalten, sollte man den Temperaturanstieg vorsichtig dosieren und die Temperatur eher langsam erhöhen. Danach sollten die Bohnen schnell gekühlt werden, um ein Nachdunkeln, Weiterblähen und Geschmacksveränderungen zu verhindern.
Nach dem Rösten ist die Dichte der Bohnenstruktur durch den Verlust an Feuchtigkeit und organischen Substanzen um die Hälfte dezimiert. Die Bohne ist nun infolge dessen braun, porös, trocken und aromatisch.

Temperatur	**Effekt**
20–130°C	Das Wasser verdampft; die Bohne trocknet und wird heller.
130–140°C	Erstes endothermisches Maximum tritt auf, die Bohne wird gelblich, schwillt an und eine nicht-enzymatische Bräunung setzt ein.
	Röstgase entstehen und verdunsten.
	Endo- und exotherme Spitzen werden erreicht, die Farbe wird lichtbraun, die Bohne und ihre Mikroporen dehnen sich aus, die Silberhäutchen werden abgesprengt, die Struktur der Bohne wird brüchig, an deren Oberfläche zeichnen sich immer mehr Risse ab und die Aromabildung beginnt. Diese Röstreaktionen setzen sich jetzt sukzessive im Inneren der Bohne fort, bis die eigentliche Rösttemperatur erreicht ist.
180–220°C	Im Inneren der Bohne bilden sich Risse, Rauch sowie große Mengen an Kohlendioxid entweichen und hinterlassen die Bohne sehr porös, der typische Geruch von geröstetem Kaffee entsteht.

Physikalisch-chemische Veränderungen beim Rösten

Wasser und Kohlendioxid entwickeln sich durch die Maillard-Reaktion, welche zur braunen Färbung der Bohnen führt. Auch das Karamellisieren des Zuckers bewirkt etwas Bräunung. Wasser und Kohlendioxid verflüchtigen sich während des Röstens, begleitet von Kohlenmonoxid und organischen flüchtigen Anteilen.

Kohlenhydrate: Saccharose ist teilweise durch das Wasser abgebaut worden, der Rest wird karamellisiert. Einige Teile von freien Zuckern werden in flüchtige (Aromaverbindungen und flüchtige Säuren) und nicht flüchtige Stoffe (Melanoidine, deren Ausgangsstoffe und Säuren) umgewandelt und zu einem geringen Anteil karamellisiert. Die Gesamtmenge der löslichen Kohlenhydrate im gerösteten Kaffee ist geringer als im Rohkaffee. Davon und vom Röstgrad hängt auch die Stabilität der Crema im Espresso ab.

Unlösliche Lipide (Fette, Fettsäuren, Öle, etc.) verändern sich nur in minimalem Ausmaß, Linolsäure wird geringfügig weniger.

Kahweol und Cafestol zerfallen zum Teil.

Chlorogensäuren bilden die wichtigste Gruppe von Säuren im Rohkaffee. Die meisten werden während des Röstens zerstört. Intakt gebliebene Chlorogensäuren können von Melanoidine-Verbindungen gebunden werden, die durch das Bräunen bzw. Rösten entstanden sind. Andere Säuren werden ebenfalls teilweise abgebaut oder umgewandelt.

Der Gehalt an **Mineralien** bleibt stabil. Der Anteil an Phosporsäure kann leicht ansteigen.

Der **Koffein**gehalt bleibt beim Rösten großteils erhalten, lediglich ein geringer Anteil verliert sich bei der Umwandlung von festen in gasförmige Teile.

Die meisten der rund 300 flüchtigen **Aromaverbindungen** im Rohkaffee steigen im Gehalt. Zusätzlich kommen durch die hohe Temperatur und den stetig wachsenden Druck in der Bohne rund 650 neue flüchtige Aromaverbindungen dazu, womit wir auf weit über 800 Röstaromen im gerösteten Kaffee kommen.

Kaffee und Gesundheit

Schon bevor sich der Kaffee um die ganze Welt zu verbreiten begann, wurden die gesundheitlichen Aspekte diskutiert. In einem Werbeprospekt für das erste Kaffeehaus in London stellte man die Vorzüge heraus: Kaffee würde für eine gewisse Stimulation sorgen und bei Geschäftsbesprechungen munter und geistig rege machen. Außerdem wäre das Getränk ein ausgezeichnetes Mittel gegen müde Augen, Kopfschmerzen, Husten, Wassersucht, Gicht und Skorbut – ja sogar zur Verhinderung von Fehlgeburten sollte es beitragen. Letzteres war aber kein sonderlich schlagkräftiges Werbeargument, denn Frauen blieb der Zutritt zum Kaffeehaus damals verwehrt! Arabischen Frauen diente Kaffee dagegen als Medizin gegen Menstruationsbeschwerden, während türkische Frauen durch den Genuss erotisch animiert werden sollten.

Regelmäßiger Kaffeegenuss kann die geistige Leistungsfähigkeit bis ins Alter steigern.

Doch bei all den förderlichen Aspekten wurde es den Kaffeeliebhabern doch nicht ganz so einfach gemacht. Ärzte und Heilkundige versuchten schon früh, die schädlichen Wirkungen des „giftigen“ Kaffees zu belegen. In einer von Frauen verfassten Flugschrift wurde beklagt, Kaffee mache die Männer unfruchtbar; im Marseille des 17. Jahrhunderts schrieb ein Arzt, Kaffee verbrenne das Blut, verursache Lähmungen, Impotenz und Auszehrung.

Doch alle wohlmeinenden Warnungen waren vergebens. Bald wurde das ehedem aristokratische Getränk auch in breiten Bevölkerungsschichten bekannt und beliebt. An den kontroversen Positionen zum Thema „Kaffee und Gesundheit“ hat sich seither aber nichts geändert. Immer noch zirkulieren zahlreiche Mythen und verbreitete Vorstellungen, die jedoch durch aktuelle Studien sukzessive widerlegt werden.

Die Beliebtheit des Getränks beruht vor allem auf der Wirkung des **Koffeins**, das allerdings auch in vielen anderen Lebensmitteln enthalten ist. Abgesehen vom Kaffeebaum enthalten der Teestrauch, der Matestrauch, selbst Kakao und noch mehr als hundert weitere Pflanzenarten ebenfalls das Alkaloid. Eine Tasse Kaffee (150 Milliliter) enthält zwischen 50 und 100 Milligramm Koffein, in einer Tafel Halbbitterschokolade lassen sich mitunter bis zu 110 Milligramm Koffein nachweisen.

Koffein wirkt anregend, steigert die **Konzentrationsfähigkeit** und beseitigt kurzfristig Müdigkeit. Eine Tasse Kaffee hat etwa dieselbe Auswirkung wie ein kurzes Nickerchen. Übrigens: Nach Alkoholgenuss macht Kaffee nicht nüchtern, man fühlt sich durch die stimulierende Wirkung des Koffeins lediglich subjektiv weniger beeinträchtigt.

Die erwiesenen positiven Wirkungen von Kaffee sind vielfältig. So steigert Koffein etwa die **geistige Leistungsfähigkeit**. In einer internationalen Untersuchung wurde festgestellt, dass ein lebenslanger Kaffeekonsum bei Frauen und Männern den altersbedingten Abbau des kognitiven Leistungsvermögens signifikant verringert. Auch die physische Leistungsfähigkeit nimmt dadurch zu.

Menschen mit **Asthma** profitieren von einer Verbesserung der Atemfunktion, da Kaffee die Lungenbläschen erweitert. Schon 1859 wurden Patienten in Schottland ganz offiziell mit Koffein behandelt. Neue Studien konnten diese Wirkung bestätigen.

Derzeit wird der Zusammenhang zwischen Kaffee und **Diabetes** intensiv erforscht, denn Studien aus den Niederlanden und Schweden haben ergeben, dass sich das Erkrankungsrisiko durch ständigen Kaffeekonsum halbieren lässt. Weitere Studien unterstützen diese These, jedoch sind die Mechanismen, die für diesen möglichen präventiven Einfluss des Kaffees verantwortlich sind, noch nicht bekannt.

Generell werden dem Kaffee zahlreiche **vorbeugende Wirkungen** zugeschrieben. Neueste Untersuchungen belegen, dass der regelmäßige Konsum das Risiko, Gallensteine zu bekommen, um wenigstens ein Viertel senkt. Auch auf Leberzirrhose soll Kaffee positive Auswirkungen haben. Das Risiko an Alzheimer-Demenz und Parkinson zu erkranken, scheint bei Menschen, die regelmäßig Kaffee trinken, zumindest um ein Drittel geringer zu sein. Die bisherigen Studienergebnisse sind ermutigend, eine endgültige Bewertung steht bislang jedoch noch aus. Zumindest enthält Kaffee deutlich höhere Mengen an Antioxidantien als andere Getränke, die Schutz vor chronischen Erkrankungen bieten können.

Während der **Schwangerschaft** gilt ein moderater Kaffeekonsum, das sind unter 300 Milligramm Koffein täglich, als unbedenklich. Inwiefern das auch für höhere Dosierungen gilt, wird noch erforscht.

Kaffee ist natürlich kein Allheilmittel. Manche Menschen reagieren generell sensibel auf Koffein. Bei übermäßig hohen Dosierungen kann es zu Unruhe, Erregung und Herzklopfen kommen, bei manchen Menschen zu erhöhter Ängstlichkeit.

Leicht negative Auswirkungen ergeben sich auf den Kalziumhaushalt. Das Mineral kann allerdings leicht substituiert werden, etwa indem man den Kaffee mit Milch trinkt, und ein Einfluss auf die Gesundheit der Knochen wurde nicht beobachtet. Außerdem regt Kaffee die Magensaftproduktion an und kann Sodbrennen verstärken. Normalerweise ist dieser Effekt aber relativ gering.

Kaffee kann auch den **Cholesterinspiegel** erhöhen, das gilt aber nur für aufgebrühten Kaffee und nicht für Filterkaffee oder Espresso, denn die für die Erhöhung verantwortlichen Substanzen Cafestol und Kahweol bleiben im Filter bzw. werden nicht extrahiert. Auf den **Blutdruck** sollte Koffein unter normalen Umständen keine nennenswerten Auswirkungen haben. Bei Menschen mit bereits erhöhtem Blutdruck kann es zu einer kurzfristigen Steigerung kommen, die allerdings bald wieder zurückgeht. Menschen mit normalem Blutdruck spüren keinen Effekt. Auch Auswirkungen auf Herz-Kreislauf-Erkrankungen wurden bislang nicht beobachtet.

Auf den **Schlaf** hat Koffein in mäßigen Dosen nach derzeitigem Wissensstand keinen Einfluss. Selbst am Abend kann man also ruhigen Gewissens noch einen Kaffee genießen, denn wer müde ist, wird auch nach der Koffeinzufuhr bald einschlafen. Das Gehirn stoppt nämlich dann durch das Molekül Adenosin die stimulierenden Botenstoffe. Einige Wissenschaftler vertreten sogar die Meinung, dass man nach einer Tasse Kaffee rascher einschläft, da durch das Koffein das Schlafzentrum im Gehirn besser durchblutet wird: Erwiesen ist zumindest eine schlaffördernde Wirkung in der ersten halben Stunde. Höhere Dosierungen hingegen, also mehr als etwa 3 Milligramm Koffein pro Kilo Körpergewicht, verzögern sehr wohl das Einschlafen und können auch die Schlafdauer reduzieren. Das trifft aber nur auf Personen zu, die selten Kaffee trinken – wer regelmäßig Kaffee trinkt, bemerkt wenig bis keine Beeinträchtigungen. Individuelle Ausnahmen von der Regel gibt es natürlich immer.

Mitunter wird Kaffee auch zugeschrieben, er würde ein gewisses **Suchtverhalten** erzeugen oder begünstigen. Von Menschen, die viel Kaffee trinken, hört man des Öfteren Aussagen wie „Ich bin süchtig nach Kaffee". Laut WHO besitzt Koffein aber kein Suchtpotenzial und vor allem ist Kaffee nicht mit typischen Drogen vergleichbar. Laut aktuellen Studien wurden zwar Entzugserscheinungen beobachtet, jedoch konnte kein Kausalzusammenhang mit der täglich aufgenommenen Koffeinmenge festgestellt werden. Zudem waren diese Symptome nur sehr schwach ausgeprägt. Koffein erfüllt also nicht die Kriterien für ein mögliches Abhängigkeitsverhältnis und entwickelt nicht das Suchtprofil klassischer Missbrauchsdrogen wie etwa Nikotin.

Nach heutigem Erkenntnisstand ist ein normaler Kaffeekonsum für die Gesundheit also in aller Regel unproblematisch – er hat im Gegenteil eher gesundheitsfördernde Effekte. Doch ist die Wirkung des Kaffees, besonders des Koffeins, natürlich von Mensch zu Mensch unterschiedlich.

Zum Abschluss ein Mythos, der sich hartnäckig hält: Das obligatorische Glas Wasser zum Kaffee ist eine Aufmerksamkeit in vielen Kaffeehäusern und hat besonders in Wien Tradition. Die Begründung, man bräuchte das Wasser zum Ausgleich, da Kaffee dem Körper **Flüssigkeit** entzieht, ist jedoch schlichtweg falsch. Für die Deutsche Gesellschaft für Ernährung zählt Kaffee zur täglichen Gesamtflüssigkeitszufuhr. Zwar gibt es einen gewissen harntreibenden Effekt, jedoch nur bei Personen, die selten Kaffee trinken – durch regelmäßigen Konsum hebt sich diese Wirkung auf. Das Glas Wasser dient vielmehr der Neutralisierung des Gaumens. Ähnlich wie beim Wein werden die Geschmacksnerven für den nächsten Schluck sensibilisiert.

Das Mahlen

Oft wird die Anschaffung einer guten Kaffeemühle für die Zubereitung von gutem Kaffee vernachlässigt, doch ihre Bedeutung sollte nicht unterschätzt werden. Für guten Espresso wie auch für Filterkaffee sind Mahlgrad und Frische des Kaffeemehls essenzielle Voraussetzungen.
Zur Veranschaulichung ein drastisches Beispiel: Gießt man heißes Wasser über Kaffeebohnen, wird auch nach langem Warten kein Kaffee entstehen. Das Wasser färbt sich ein wenig, bei kaltem Wasser passiert nicht einmal das. Um Kaffee zu erzeugen, muss man die Oberfläche vergrößern, mit anderen Worten, die Bohnen müssen zerkleinert werden. Je feiner sie gemahlen werden, desto größer wird die Oberfläche und desto besser kann das heiße Wasser die löslichen Stoffe extrahieren.

Die richtige Kaffeemühle

Am Anfang der Kaffeezubereitung wurden die Bohnen gemörsert. Das war mühsam und das Ergebnis fiel nicht gleichmäßig aus. Großen Fortschritt brachten erstmals die **Handmühlen**: Sie bestanden aus Holz, hatten eine Kurbel, die ein konisches Mahlwerk betrieb, und das Kaffeemehl fiel in eine kleine Lade. Bis ins 20. Jahrhundert hinein waren sie im Haushalt in Verwendung und noch heute findet man auf Flohmärkten diese alten Mühlen.
Rasant wurde es dann in Haushalten mit elektrischen **Schlagmessermühlen**. Sie arbeiten sehr hochtourig, zerhacken die Bohnen mit zwei Messern unter großer Hitzeentwicklung und sorgen nebenbei dafür, dass die Aromen schnell verschwinden. Außerdem entsteht viel Feinstaub und von einem gleichmäßigen, konstant wiederholbaren Ergebnis kann nicht die Rede sein. Solche Mühlen gibt es noch heute. Ein Mahlvorgang dauert zwar nicht lange, aber wirklich gut wird das Ergebnis nicht. Liebhabern perfekter Espressi ist von solchen Geräten daher abzuraten. Wenn man jedoch beim Mahlen mit beiden Händen das Teil schüttelt bzw. große Drehbewegungen vertikal macht, kann man etwas gleichmäßigere Ergebnisse erzielen.

Mahlwerke

Gute Kaffeemühlen unterscheidet man nach ihrem Mahlwerk: Es gibt Mühlen mit Scheibenmahlwerk oder einem konischen bzw. Kegelmahlwerk.
Bei einem **Scheibenmahlwerk** liegen die Mahlscheiben flach übereinander. Der Mahlgrad wird über den Abstand der Scheiben zueinander eingestellt. Sind die Scheiben weiter auseinander, ist der Mahlgrad höher, bei geringerem Abstand wird feiner gemahlen. Die Führung sollte aus Metall sein, da Kunststoff nicht so stabil ist, mit der Zeit aushärtet und brüchig werden kann.
Die Modelle unterscheiden sich im Durchmesser der Mahlscheiben. In der Gastronomie werden Scheiben mit über 60 Millimeter Durchmesser verwendet, für den Haushaltsbereich messen sie um die 50 Millimeter. Je größer die Scheiben sind, desto weniger laufen sie heiß, desto schonender und länger kann gemahlen werden.
Mühlen mit einem konischen oder **Kegelmahlwerk** erhitzen sich weniger und sind schonender für den Kaffee. Die Mahlscheiben haben längere Schneidkanten und können dadurch mit geringerer Drehzahl mahlen. Dieser Umstand ist für den Haushalt nicht so bedeutend, wohl aber für die Gastronomie, wo größere Mengen verarbeitet werden müssen. Mühlen mit Kegelmahlwerk sind allerdings teurer. Der innere Kegel wird von einem Motor angetrieben, der äußere Mahlkranz ist fixiert. Die Mahlgradeinstellung wird über den Abstand der Mahlkörper reguliert. Die meisten konischen Mahlwerke drehen sich nicht schneller als 500 rpm und sind dadurch auch leiser.

Links eine scharfe Mahlscheibe, rechts eine stumpfe schmutzige

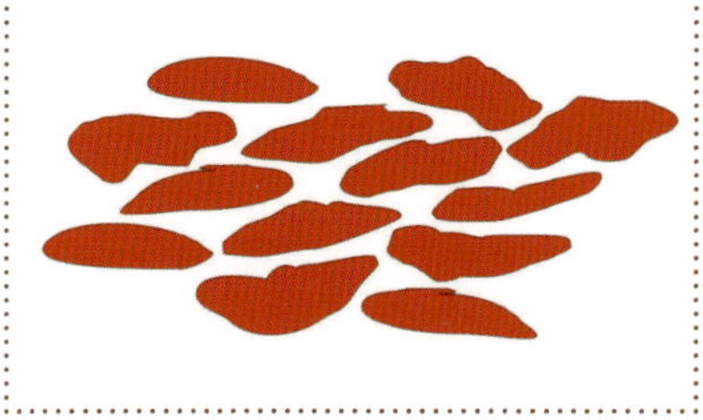

Scharfe Profimahlscheiben erzeugen geschnittene Kaffeepartikel mit großen Oberflächen für bessere Extraktion.

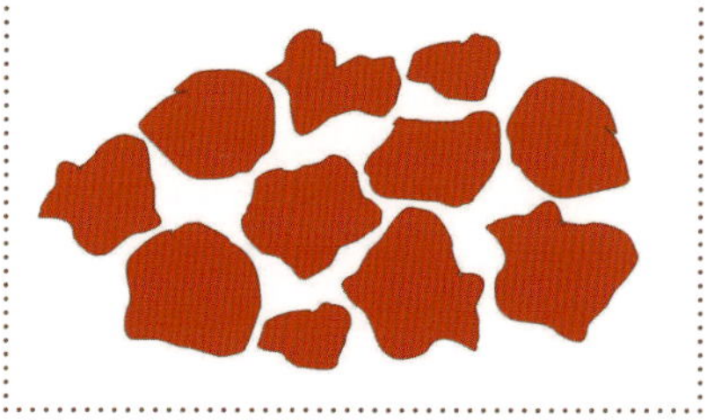

Durch stumpfe Mahlscheiben aufgebrochene Kaffeeteile sind ungleich groß, bieten dem Wasser weniger Widerstand und eine geringere Gesamtoberfläche..

Auswurfmethoden

Der Auswurf des Kaffeemehls erfolgt entweder direkt in einen Siebträger, was den Vorteil hat, dass nur so viel gemahlen wird, wie man auch wirklich braucht, oder in einen Dosierbehälter. Letztere Methode ist für den Haushaltsgebrauch weniger zu empfehlen, da dieses System für viele Portionen ausgerichtet ist.
Der Vollständigkeit halber sei noch die Ausgabe im Auffangbehälter erwähnt, doch ist hier der Aromaverlust sehr hoch, da größere Mengen vorgemahlen werden.

Auswurfmethoden im Vergleich

Mahlung in den Siebträger

- *frischer Kaffee bei jeder Portion*
- *genaue Portionierung als Einzel- und Doppelportion*
- *Kaffee wird durch das Pressen mit einem Tamper (siehe Seite 115ff.) richtig verdichtet, weil keine Stampfnase vorhanden ist.*
- *Die Gabelhalterung erlaubt schnellere Routinen.*
- *Trichter muss abends entleert werden!*

Mahlung in einen Dosierbehälter

- *rascher Aromaverlust bei vorgemahlenem Kaffee*
- *durch Aufnahme von Luftfeuchtigkeit veränderte Durchlaufzeit*
- *ungenauer Auswurf des Kaffeepulvers*
- *„Stampfnase" nicht ausreichend zum Verdichten des Kaffees*
- *Nur sinnvoll, wenn der vorgemahlene Kaffee auch in den nächsten 15–20 Minuten verbraucht wird!*
- *Trichter und Dosierbehälter müssen abends entleert werden!*

Umgang mit der Kaffeemühle

Die Fette und Öle im Kaffee sind schnell verderblich. Insbesondere durch Licht, höhere Temperaturen, Sauerstoff und Luftfeuchtigkeit können sie sich chemisch verändern und werden ranzig. Kaffee ist zudem stark hygroskopisch und verliert schnell seine Aromen.

Deshalb gilt: Kaffee immer frisch mahlen und vor allem schnell verbrauchen. Das Mahlwerk muss unbedingt auf der gegenüberliegenden Seite des Dampfstabes und weg vom Geschirrspüler positioniert werden.

Am besten nur die Menge Kaffee in den Trichter füllen, die auch in 15 bis 20 Minuten verbraucht werden kann. Den Kaffee weder im Dosierbehälter noch im Trichter über Nacht stehen lassen! Gemahlene Reste aufbrauchen, Bohnen aus dem Behälter zurück in die Verpackung geben und am nächsten Tag mit frischem Kaffee mischen.

Checkliste für den Kauf

Eine gute Kaffeemühle sollte einen starken Motor mit gleichbleibender Drehzahl besitzen, am besten gehärtete Stahlscheiben mit möglichst großem Durchmesser, und eine relativ fein abgestufte Mahlgradeinstellung. Bei der Anschaffung sollte man darauf achten, welche Arten der Ausgabe es gibt und außerdem die Lärmerzeugung während des Mahlens, die Einfachheit in der Bedienung und der Einstellungen, die leichte Wartung und die komfortable Reinigung prüfen.

Reinigung und Wartung

Wie für die Kaffeemaschine ist auch für die Mühle Sauberkeit und damit regelmäßige Reinigung und Wartung unverzichtbar. Das regelmäßige **Reinigen** dient nicht nur dem guten Geschmack, sondern auch der Wartung der Geräte.

Man sollte den Behälter täglich entleeren, ihn kurz auswischen und damit von Fettrückständen befreien, da sich sonst schnell entwickelt ein ranziger Geruch. Den Deckel sollte man dann am besten neben die Mühle legen.

Der „Shoot“, die Öffnung von den Mahlscheiben nach außen in den Behälter bzw. direkt in den Siebträger, muss regelmäßig gereinigt werden, da sich hier leicht Kaffeereste festsetzen und die Öffnung verkleinern können. Durch Rückstau kann es bei kleineren Haushaltsgeräten dann zu einem unfreiwilligen Stillstand oder einem scheinbar unerklärlichen Notstopp kommen. Doch selbst wenn das Mahlwerk weiterläuft, können bei mangelhafter Reinigung getrocknete, ranzige Kaffeemehlreste brockenweise in den frisch gemahlenen Kaffee fallen, was dem Geschmack nicht besonders zuträglich ist.

Wichtig ist außerdem ein Pinsel zum täglichen Ausbürsten der Mahlscheiben, des Dosierbehälters und des Shoots. Der Trichter sollte mit einem trockenen Tuch täglich von Ölen und Fetten befreit werden. Zum Reinigen der Kaffeemühle eignet sich auch ein kleiner Handstaubsauger mit Rüssel, der aus hygienischen Gründen für die Reinigung der Kaffeemühle reserviert sein sollte.

Mahlscheiben sollten in der Regel nach 400 bis 600 Kilo gemahlenem Kaffee ausgetauscht werden, da sie mit der Zeit stumpf und die Bohnen eher gequetscht, gebrochen oder gekrümelt als gleichmäßig gemahlen werden. Dadurch dauert der Mahlvorgang länger und der Kaffee wird überhitzt. Das wirkt sich negativ auf den Geschmack aus: Wenn er schon verbrannt schmeckt, ist es bereits zu spät! Ein weiterer Hinweis auf den anstehenden Wechsel der Mahlscheiben ergibt sich, wenn man das Mahlwerk schon sehr viel feiner stellen muss als am Anfang.

Die flachen Mahlscheiben kosten derzeit je nach Modell rund 70 Euro pro Paar und man kann sie selbst tauschen. Achtung, einmal entnommen muss das Gewinde vom angesammelten Kaffeestaub befreit werden, da man es sonst nur schwer wieder einsetzen kann. Wird Schmiermittel verwendet, sollte man sich genau an die Herstellerempfehlungen halten.

Warum Kaffee nicht zu heiß werden darf

Geröstete Kaffeebohnen enthalten in den Zellen noch Gase, die für die Crema beim Espresso wichtig sind. Diese Gase dringen nach dem Rösten langsam durch die Zellwände. Durch hohe Temperaturen wird der Verlust beschleunigt, etwa durch zu heiß werdende Mahlscheiben bei zu hoher Drehzahl.

Die Hitzeempfindlichkeit von Kaffee ist ein Grund, warum in der Gastronomie gemahlener Kaffee nicht schon im Voraus in den Siebträger gepresst und in der Gruppe eingehängt werden sollte, bis der nächste Kaffee zuzubereiten ist. Auch wenn Kaffee zu heiß gelagert wird, etwa wenn das Mahlwerk im direkten Sonnenlicht steht oder die Kaffeepackung im Auto in der Sonne liegt, verändern sich die Fette. Sie verflüssigen sich, dringen durch die Zellwände, bilden eine glänzende Schicht auf den Bohnenoberflächen und lassen wertvolle Aromen frei.

Wieder auf Raumtemperatur gebracht, nimmt diese Schicht eine klebrige Konsistenz an, was wiederum die gemahlenen Kaffeepartikel beeinflusst, im gepressten Kaffee die hydraulischen Widerstände verändert und zu ungleichmäßiger Wasserverteilung und unregelmäßigem Durchfluss bei der Extraktion führt. Es ist deshalb unverzichtbar, sowohl bei der Aufbewahrung als auch beim Mahlen die Temperatur im Auge zu behalten.

Der Mahlgrad

Beim Mahlen wird Druck auf die Bohne ausgeübt, der sich auf verschiedene Punkte verteilt. Die Bohne besitzt nämlich einerseits Schichten, die wie ein gefaltetes Tuch aneinander gereiht sind, und besteht andererseits aus Zellen, die durch den Röstvorgang nicht mehr elastisch sind. Beim Mahlen passieren deshalb zwei Dinge: Durch den Druck birst zuerst die Struktur der Bohne und sie wird in kleinere Teile gebrochen. Dann schaben die Messerkanten Schichten ab. Dieser Mahlprozess hat entscheidenden Einfluss auf die Extraktion eines Espressos.
Das Ziel ist eine möglichst gleichmäßige Partikelgröße zu erreichen. Sind die Messer zu stumpf, quetschen sie diese Partikel zu größeren Krumen, wodurch das Wasser bei der Extraktion unregelmäßig und schneller hindurchfließen kann. Gleichmäßig gemahlene und komprimierte Kaffeepartikel bieten dem Wasser besseren Widerstand, damit es länger im Kaffee bleibt und mehr Inhalte extrahieren kann. Das bedeutet allerdings nicht, je feiner, desto besser. Wenn das Kaffeemehl zu fein gemahlen wurde, werden bei der Zubereitung Stoffe extrahiert, die wir eigentlich nicht schmecken möchten, wie etwa Bitterstoffe.

Der Mahlgrad kann stufenlos oder stufenweise eingestellt werden. Bei der stufenweisen Einstellung sollte man darauf achten, dass die Abstufungen fein genug sind, um genau justieren zu können. Wer eine neue Kaffeemischung ausprobiert oder den Kaffee neu auffüllt, muss die Einstellung nachjustieren. Die ideale Einstellung hängt vom Ergebnis der Extraktion ab: Fließt das Wasser zu langsam, muss eine gröbere Einstellung gewählt werden, fließt es zu schnell, entsprechend feiner. Je feiner der Kaffee gemahlen wird, desto länger dauert der Mahlvorgang.
Für die Kaffeezubereitung mittels Aufbrühen kann je nach Gerät grob bis mittelgrob gemahlen werden. Für Filterkaffee ist eine mittelfeine, für Espresso eine sehr feine Einstellung passend und für türkischen Kaffee muss pulverfein gemahlen werden. Letzteres funktioniert jedoch nur mit professionellen Großmühlen oder einigen alten Handmühlen.
Gemahlener Kaffee verliert sehr schnell an Qualität. Das bedeutet, dass die verführerischen Aromen, die wir kurz nach dem Mahlen riechen, sich rasch verflüchtigen. Zudem kommt es zu Oxidation und der trockene Kaffee beginnt Luftfeuchtigkeit aufzunehmen: Das sind nur einige der Gründe, warum nicht auf Vorrat gemahlen werden sollte.

Mahlgrade von grob bis fein

Da jedes Mahlwerk verschieden ist, können für den jeweiligen Mahlgrad keine konkreten Einstellungen angegeben werden. Sogar zwei baugleiche Mahlwerke haben ihren Nullpunkt an verschiedenen Stellen des Gewindes. Man stellt den Mahlgrad also immer nach der Durchlaufzeit und dem Geschmack des Kaffees ein.

Was den Mahlgrad beeinflusst

1

Die Mischung

Ein „Blend" wird aus mehreren Kaffeesorten komponiert. Die Kaffees können sich botanisch unterscheiden, aus verschiedenen Anbaugebieten kommen oder sogar ganz unterschiedlich verarbeitet worden sein, z.B. nass oder trocken (siehe Seite 31ff.). Dadurch haben die Bohnen unterschiedliche physikalische Eigenschaften, die Auswirkungen auf den Mahlgrad haben.

2

Das Rösten

Die beim Rösten entstehenden flüchtigen Gase und Aromen dehnen die Bohne aus, abhängig von der Rösttemperatur, der Dauer und der Sorte.

3

Das Kühlen

Der Mahlvorgang wird auch dadurch beeinflusst, ob der Kaffee mit Luft oder mit Wasser gekühlt wurde, also wie schnell die Abkühlung stattgefunden hat, und ob danach wieder Feuchtigkeit aufgenommen wurde. Der rasche Temperaturabfall bei wassergekühlten Bohnen führt zu schlagartiger Kontraktion und Bruch der Zellwände. Deshalb entgasen die Bohnen vor dem Mahlen stärker und der Widerstand der Zellstruktur verändert sich. Wassergekühlte Bohnen haben eine festere Oberflächenstruktur. Ein erhöhter Energiebedarf beim Mahlen kann zu Überhitzung der Bohnen führen.

Zubereitungs-methoden

Es gibt viele Methoden, guten Kaffee zuzubereiten. Hier gibt es eigentlich keine objektive Wertung, sondern nur persönliche Hitparaden, denn der einfache Brühaufguss hat genauso seine Qualitäten wie der ambitionierte Espresso oder die modernen Pad-Systeme. Grundsätzlich ähneln sich alle Methoden darin, dass man etwas Erfahrung und Wissen benötigt und sich dafür Zeit nehmen muss – selbst für das Kaffeemachen mit neuen Kapselmaschinen, denn diese produzieren zwar schnell einen Kaffee, brauchen aber auch Wartung und Pflege.

Brühen ohne Druck

Die älteste Methode der Kaffeezubereitung ist wohl der **Brühaufguss.** Es handelt sich um eine sehr schonende Methode, die feine Fruchtsäuren und den schlanken Körper mancher Arabica-Sorten unterstützt. Das mittelfein gemahlene oder zerstoßene Kaffeemehl wird in einer vorgewärmten Kanne kurz mit heißem Wasser angefeuchtet und kann einige Sekunden quellen. Dann wird der Kaffee mit Wasser, das zwischen 86 und 89 Grad haben sollte, schwallweise – immer mit kurzen Pausen dazwischen – aufgegossen.

Aus dem Urlaub in Griechenland, der Türkei oder im arabischen Raum kennt man die orientalische Methode bzw. den **türkischen** oder **griechischen Kaffee**. Die typische kleine Metallkanne wird mit Wasser gefüllt. Dann gibt man pulverfein gemahlenes Kaffeemehl und auf Wunsch Zucker hinzu und kocht diese Mischung auf. Vor allem im arabischen Raum werden manchmal auch Gewürze wie Kardamom, Nelken oder Safran mitgekocht. Wenn der Schaum hochsteigt, nimmt man die Kanne vom Feuer, wartet kurz und lässt ein zweites, mitunter auch ein drittes Mal aufkochen. Serviert wird in kleinen Mokkatassen.

Türkischer Cezve für eine Person

Die **Wendekanne** gibt es in verschiedenen Ausführungen, aus Porzellan oder einfacher aus Weißblech oder Aluminium. Sie wird noch heute gerne in Neapel verwendet und heißt auch „Napoletana“. Sie besteht aus einem Wasserbehälter, einem Filtereinsatz für den Kaffee und einer kleinen Kanne, die ineinander gesteckt werden. Wenn das Wasser kocht, dreht man die Kanne um und das Wasser sickert durch den Metallfilter nach unten. Dann entfernt man den Wasserbehälter, setzt den Deckel auf und serviert.

Napoletana

Filtermethoden

Wer den feinen Satz vermeiden will, muss auf eine Filtermethode ausweichen. Auch da gibt es einige Varianten. Bekannt ist die **Karlsbader Kanne** mit einem Porzellanfilter. Hierfür sollte die Kanne gut vorgewärmt sein. Man verwendet für das relativ weitmaschige Sieb ein grob gemahlenes Kaffeepulver. Da von der Mahlung die Durchlaufzeit und damit der Geschmack des Kaffees abhängen, muss man den optimalen Mahlgrad im Selbstversuch ermitteln. Nach Gebrauch muss der Siebbehälter immer gut gereinigt werden.

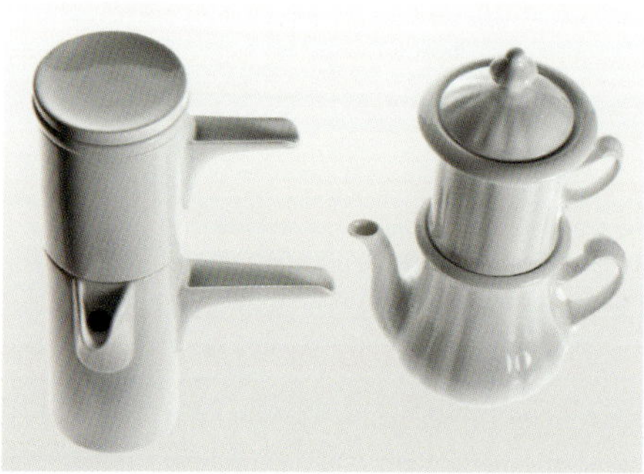

Filterkaffee

Bahnbrechend für die Kaffeezubereitung zu Hause, aber auch in Kaffeehäusern, war jedoch das Filterprinzip. 1908 wurde der Papierfilter von der deutschen Hausfrau Melitta Bentz zum Patent angemeldet. Der Behälter dafür war anfangs aus Blech, Aluminium oder Porzellan und ist heute meist aus Kunststoff. Statt des Papierfilters sind auch Gold- oder Dauerfilter erhältlich.
Die Kanne sollte angewärmt werden. In den Filter wird das mittelfein gemahlene Kaffeemehl gefüllt, dann mit einem heißen Schwall nicht kochenden Wassers gleichmäßig aufgegossen, damit der Kaffee befeuchtet wird und aufquellen kann. Dann gießt man das restliche Wasser nach. Die Flüssigkeit sollte gleichmäßig abfließen und ein ebenes Kaffeebett hinterlassen. Zum Einsatz kommen auch Durchlaufbrüher, bei denen allerdings die Extraktionszeit nicht einstellbar ist. Die neuesten Modelle in diesem Bereich beherrschen das „*on demand*"-Prinzip: Der Kaffee wird für jede Tasse Filterkaffee frisch gemahlen.

Filtervollautomat
mit eingebautem Mahlwerk (für den Hausgebrauch)

Die meisten Filterkaffeegenießer benutzen vorgemahlenen Kaffee. Wenn man diesen nicht schnell verbraucht oder durch Umfüllen in Dosen schnell altern lässt, schmeckt der Filterkaffee nicht lange gut. Hier gibt es auch bei Haushaltsgeräten eine Lösung mit einem in den Filterautomaten eingebauten, konischen Mahlwerk für 250 Gramm Kaffee. Durch einen Brühkopf sorgt dieses Gerät für eine gleichmäßige Wasserverteilung und somit eine gute Extraktion. Es lässt sich auch die zu mahlende Kaffeemenge und somit die Stärke regulieren. Für Eilige in der Früh kann die Maschine vorprogrammiert werden – man kann sich so durch das Geräusch und den Duft des Kaffeemahlens wecken lassen. Kommt man aus dem Bad, ist der Kaffee bereits fertig.

Der Bohnenbehälter schließt sehr dicht ab. Die Kaffeebohnen, die im Test 4 Tage darin verblieben, waren bei täglicher Entnahme von Kaffee noch genauso aromaintensiv wie am ersten Tag. Der Mahlgrad ist natürlich verstellbar. Man kann mithilfe einer Extraöffnung auch gemahlenen Kaffee verwenden.

Im Wasserbehälter befindet sich ein Aktivkohlefilter, dessen Einsatz selbstständig ausgetauscht werden kann. Der Wasserbehälter fasst 1,4 Liter für 10 Tassen Kaffee.

Um mit einer **„French Press“** oder Stempelpresskanne Kaffee zuzubereiten, gibt man Kaffeepulver in die vorgewärmte Kanne und überbrüht es mit 94–96 Grad heißem Wasser. Dann rührt man um und lässt den Kaffee 3 bis 5 Minuten ziehen. Im nächsten Schritt drückt man den integrierten Stempel mit dem metallenen Filter auf den Kannenboden und trennt dadurch den gemahlenen Kaffee von der Flüssigkeit. Nun sollte der Kaffee umgefüllt werden, damit er nicht zu lange auf dem Pulver steht und bitter wird. Auch die French Press muss regelmäßig gereinigt werden, da ölige Kaffeemehlrückstände die Siebe verstopfen und den Geschmack des Kaffees verändern.

Handfilter – die neue Generation

Viele können sich sicher noch an die Großmutter erinnern, die das gekochte Wasser aus einem Kochtopf in einen Porzellanfilterhalter mit Papierfilter direkt in die Tasse gegossen hat. Haben Sie sich jemals gefragt, warum sie das so zelebriert hat, obwohl es damals schon elektrische Filtermaschinen gab. Na, weil Omas es immer schon besser wussten.

Ziel ist, wie bei jeder Kaffeezubereitungsart, die gleichmäßige Extraktion. Haben Sie schon einmal im Kaffeesud einer billigen Filtermaschine „gelesen"? Der Großteil des Kaffeemehls wird bei billigen Geräten an den Seitenwänden aufgeschwemmt und in der Mitte, wo das meist zu heiße Wasser ständig auf die gleiche Stelle tropft, ist der traurige Rest überextrahiert.

Wenn man kein teures Brühgerät mit Brühkopf besitzt, kann man auch mit dem Handfilter V60 von Hario® gleichmäßig extrahieren. Der Trichter ist rund und hat schräg verlaufende Rippen, die dafür sorgen, dass der Abstand zum Filterpapier gewährleistet ist und es nicht an den Wänden klebt. Statt nur mit zwei kleinen Löchern am Boden ausgestattet, ist der V60 unten komplett offen, wodurch sich kein Wasser im unteren Bereich staut. Dazu gehören die passenden Spitzfilter, durch die der gebrühte Kaffee ungehindert ablaufen kann.

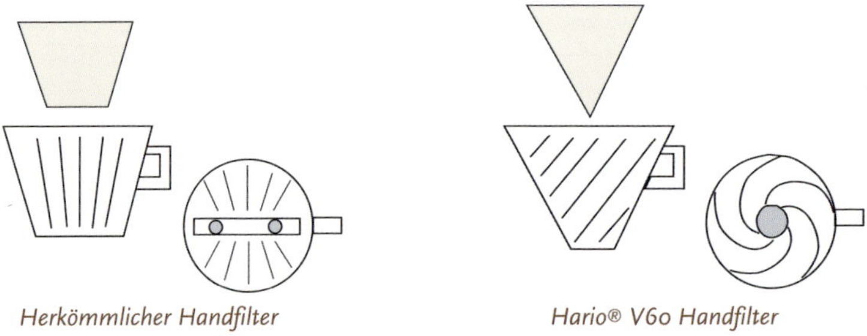

Herkömmlicher Handfilter *Hario® V60 Handfilter*

Beispiel

Bei unserem Test wollen wir 500 ml gebrühten Kaffee aus 30 Gramm Kaffeemehl extrahieren. Wir halten uns generell an die „Gold Cup Standard"-Maße von 50–65 Gramm Kaffee auf 1 Liter Wasser mit 92–94° C. Bei unseren Tests verwenden wir immer 60 Gramm pro Liter, für privaten Trinkgenuss stimmen wir die Menge geschmacklich je nach Kaffeesorte und persönlicher Vorliebe ab.

Unser Beispiel Schritt für Schritt

Dazu brauchen wir:
1) Waage
2) Hario® Range Server 500 ml (Glaskanne)
3) Hario® Dripper V60 (Filterhalter)
4) Spitzfilter
5) eine Stoppuhr
Nicht im Bild: der Wasserkocher und das Mahlwerk, mit dem der Kaffee erst jetzt frisch gemahlen wird

Um sicherzugehen, dass insgesamt die richtige Wassermenge aufgegossen wird, benutzen wir eine Küchenwaage (1 Gramm = 1 Milliliter).

Das Filterpapier einsetzen und für einen guten, tiefen Sitz sorgen, indem man die Seitennaht vorher flach biegt und den Rand oben nach außen faltet. Das verhindert ein Einklappen des Filterpapiers und sorgt für gleichmäßiges Anliegen an der Wand. Das Filterpapier nass machen, um den Papierstaub auszuwaschen.

Den Kaffee einfüllen und die Oberfläche durch leichtes Schütteln ebnen. Nicht andrücken, der Kaffee soll locker sein.

Alles auf die Küchenwaage stellen und auf „0“ tarieren.

Zunächst die Stoppuhr starten und nur wenig Wasser aufgießen, gerade so viel, dass der Kaffee feucht ist. 30 Sekunden „bloomen“ lassen. Die Blooming-Phase ist die Zeit, in der das noch eingeschlossene CO2 durch das warme Wasser ausgast, es blubbert im Kaffeeschlamm. Nach 30 Sekunden gießen wir weiter auf, ständig mit einem dünnen Strahl und leichten Kreisbewegungen, um immer alle Kaffeeteilchen am Schwimmen zu halten, bis das ganze Wasser eingegossen ist. Man kann die Geschwindigkeit ruhig verändern, darf aber nie „schütten“. Nach 2–3 Minuten sollte der gesamte Brühvorgang inklusive Blooming fertig sein.

Filterkaffee richtig zubereiten

Auch beim Filterkaffee lassen sich unterschiedliche Ergebnisse erzielen. Dafür genügt es jedoch nicht, einfach einen Messlöffel Kaffeepulver pro Tasse zu verwenden und danach die Maschine einzuschalten oder heißes Wasser darüber zu gießen.
Bevor man lernt, guten Filterkaffee zu brühen, sollte man wissen, was überhaupt in die Tasse gelangt. Das heiße Wasser löst nämlich beim Filterkaffee genauso wie beim Espresso diverse Inhaltsstoffe aus dem gemahlenen Kaffee heraus. Man unterscheidet dabei zwischen wasserlöslichen Stoffen, die den Geschmack beeinflussen, wasserunlöslichen und nicht flüchtigen Anteilen, die den Körper oder das Mundgefühl bestimmen, sowie flüchtigen Anteilen, nämlich den Aromen, die wir riechen.

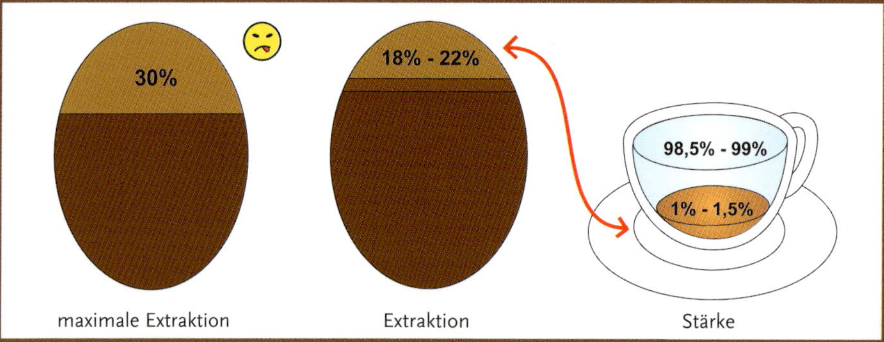

Maximal lassen sich 30 Prozent der löslichen Stoffe aus dem Kaffee extrahieren. Optimal für Geschmack und Bekömmlichkeit sind jedoch um die 20 Prozent. Dafür müssen einige Kriterien beachtet werden.

Die wichtigen Kriterien für die Filterbrühung

Wasser
Da Wasser mindestens 98% der Flüssigkeitsmenge in der Tasse ausmacht, sollte es frisch sein (siehe Seite 112).

Temperatur
Die Temperatur beeinflusst das Extraktionsverhalten. Ideal sind 92 bis 96 Grad zum Brühen des Kaffees.

Zeit
Von der Brühdauer ist abhängig, wie viele der Inhaltsstoffe gelöst werden, die den Hauptteil des Kaffeegeschmacks ausmachen. Die ideale Durchlaufzeit beträgt vier bis sechs Minuten. Diese sollte nicht überschritten werden, unabhängig davon, wie viel Kaffee man macht.

Mahlgrad
Die Brühzeit ist vom Mahlgrad und der Dicke des Kaffeebetts abhängig. Der Mahlgrad muss je nach Menge verändert werden: Für viel Kaffee wählt man eine etwas gröbere Einstellung, wenn wenig Kaffee gewünscht wird, sollte es feiner sein.

Turbulenzen
Während das Wasser durch den Kaffee läuft, entstehen Wirbel. Die Teilchen sollten sich voneinander trennen können, damit das Wasser gut hindurchfließen und die Inhaltsstoffe gleichmäßig auslaugen kann. Am übrig bleibenden Muster im Kaffeesud kann man erkennen, ob die Extraktion gleichmäßig stattgefunden hat oder ob sich als Folge zu ungleichmäßigen Auslaugens ein Tunnel in der Mitte gebildet hat.

Filter
Papierfilter sorgen für die klarste Tasse Kaffee. Sie sollten porös genug sein, um die gelösten Stoffe nicht zu behindern. Für den Geschmack ist mit Sauerstoff behandeltes Papier am besten; andere Qualitäten können manchmal einen Eigengeschmack haben. Sie sollten auch stark genug sein, um nicht seitlich einzuknicken, wenn sie feucht sind.

Der ideale Filterkaffee

Der ideale Filterkaffee wird als ***„Gold Cup Standard“*** bezeichnet. Dabei handelt es sich um einen in Europa eingeführten Standard im Rahmen eines Zertifizierungsprogramms, das die Qualität von Filterkaffee messbar macht. Zur Überprüfung verwendet man ein sogenanntes TDS-Meter, mit dem die im Wasser enthaltene Gesamtmenge gelöster Teilchen („*total dissolved solids*“) gemessen werden kann. Man hält das Gerät einfach in die Flüssigkeit und kann auf dem Display den entsprechenden Wert ablesen. Er sollte zwischen 1,20 und 1,45 Prozent liegen, bezogen auf eine Kaffeemenge von 50 bis 65 Gramm pro Liter. In anderen Kaffeekulturen bevorzugt man 65 bis 75 Gramm Kaffee pro Liter – genauso legitim, denn jeder soll den Kaffee so trinken, wie er einem am besten schmeckt.

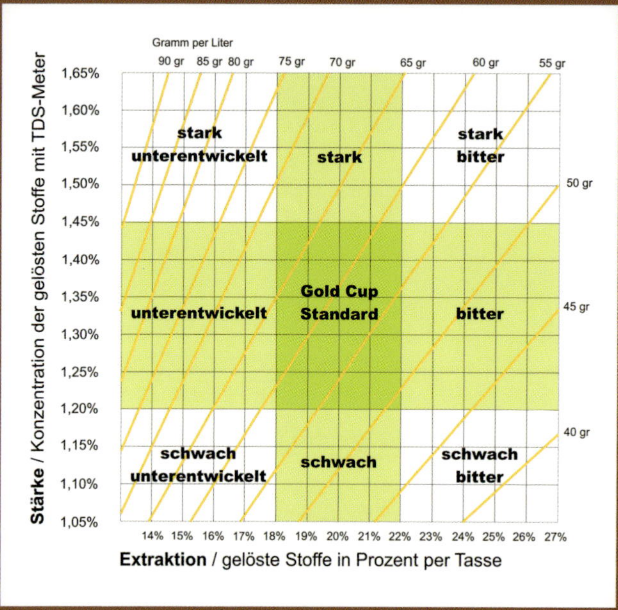

Das Diagramm zeigt das Verhältnis zwischen Stärke und Extraktion. Für den „Gold Cup Standard" sollte die Konzentration gelöster Stoffe im Kaffee zwischen 1,20 und 1,45 Prozent liegen. Bei einer zu groben Mahlung wird der Kaffee unterextrahiert, auch dann, wenn eine große Menge Kaffeemehl verwendet wird. Er schmeckt dann zwar stark, aber unterentwickelt, weist wenig Körper und einen kurzen Abgang auf. Ist der Kaffee zu fein gemahlen, schmeckt er – unabhängig von der verwendeten Kaffeemenge – bitter.

Filterkaffee oder Verlängerter?

Filterkaffee ist im deutschen Sprachraum die meist getrunkene Kaffeevariante. Wer den leichteren Geschmack des Filterkaffees gewöhnt ist, bestellt daher in Kaffeehäusern oft einen „Verlängerten" oder „Americano" – also einen Espresso, der mit extra Wasser gestreckt wurde. Für Lokale, in denen viele „große" Kaffees getrunken werden, könnte sich die Anschaffung einer Filtermaschine aber auf jeden Fall lohnen, denn korrekt hergestellter Filterkaffee ist stärker und enthält mehr Inhaltsstoffe als die gleiche Menge „Americano".

Filterkaffee: 1,4% Kaffee
98,6% Wasser

Verlängerter: 0,8 % Kaffee
99,2% Wasser

Espresso: 11,4% Kaffee
88,6% Wasser

Filtermaschinen

High-End-Filtermaschinen haben statt einem „Wasserloch“ einen Brühkopf mit mehreren Öffnungen, ähnlich einer Dusche, um das Wasser gleichmäßiger auf das Kaffeebett zu versprühen. Mit ihnen ist auch das Anfeuchten des Wassers vor dem Brühvorgang (Preinfusion) möglich. Eine weitere Besonderheit ist die Pulsbrühung, bei der die Extraktionszeit durch Ein- und Ausschalten der Wasserzufuhr gesteuert werden kann, was für den Geschmack wichtig ist. Für einen leichteren Kaffee wie bei einem Verlängerten sorgt ein Bypass-System, bei dem Wasser außen am Kaffee vorbeigeleitet werden kann. Beim Kauf ist außerdem noch zu beachten, ob sich die Brühtemperatur digital exakt einstellen lässt und ob verschiedene Sprühköpfe für die Maschine angeboten werden.

Filterkaffee warmhalten

Der *„Gold Cup Standard“* erlaubt ein Warmhalten für einen Zeitraum von 15 bis 20 Minuten. Ansonsten gelten folgende Regeln: Filterkaffee kann bis zu 20 Minuten im offenen Behälter oder 60 Minuten in einer Thermoskanne warmgehalten werden, jeweils bei einer Temperatur von 80 bis 85 Grad.

Kaffeezubereitung mit Druck

Syphon, Vakuumkanne

Die schon 1830 gebaute Vakuumkanne war ein Nachfolger des „Perkolators“, geriet in den 1960er-Jahren fast in Vergessenheit und wurde nur noch von ein paar Kaffeefreaks am Leben gehalten. Nun gibt es einen neuen Aufschwung für diese Zubereitungsmethode, da sie den Vorteil hat, dass das Wasser nicht kocht und somit nicht zu heiß wird. Zudem sieht es beim Brühen spektakulär aus. Auch auf diesem Gebiet gibt es mittlerweile schon Meisterschaften, bei denen es darauf ankommt, den passenden Kaffee richtig zu mahlen und das Verhältnis von Kaffee zu Wasser (Kaffee-Wasser-Ratio) richtig zu dosieren.

Wie funktioniert das?
Man hat zwei Glasbehälter, die ineinander gesteckt werden, eine oben offene Glaskugel oder Kanne und einen Trichter mit Rohr. Dazwischen wird ein Filter eingespannt. Normalerweise ist es ein Stofffilter. Da dieser jedoch schwer zu reinigen ist und mit der Zeit Kaffeeöle und Reste nicht mehr komplett freigibt, ist als Zubehör auch ein Einsatz für Papierfilter mit entsprechenden Filtern erhältlich.

Das Wasser im unteren Glas (vorzugsweise vorgewärmt) wird von einem Brenner erhitzt und die sich ausdehnende Luft und der entstehende Dampf – beides Gase – verdrängen das Wasser, das sich nicht komprimieren lässt, durch das Verbindungsrohr in den oberen Glastrichter. Dort wird es mit Kaffee gemischt. Man kann den Kaffee schon am Beginn in die obere Kanne geben oder warten, bis das meiste Wasser oben ist, und erst dann den Kaffee dazumischen. Das sollte man am besten selbst ausprobieren, je nach Kaffee ist eine längere oder kürzere Extraktionszeit besser.

Ist das Wasser – abgesehen vom Rest, der nicht bis zum Rohr reicht – oben angelangt und mit Kaffee gleichmäßig durchmischt, wartet man noch rund 30 Sekunden, um noch etwas mehr Unterdruck in der unteren Glaskugel zu erzeugen.
Dann nimmt man den Brenner weg und sieht zu, wie durch die Abkühlung der sich wieder zusammenziehenden Luft ein Unterdruck (fast ein Vakuum) in der Glaskugel entsteht, der den gebrühten Kaffee nach unten zieht. Dank des Filters in der Mitte bleibt der Kaffeesud im Trichter. Das Blubbern am Ende des Prozesses entsteht durch die eingesogene Luft, nachdem das Wasser durchgeronnen ist. Gleichzeitig trocknet die Luft den Kaffee. Keinesfalls kocht das Wasser – obwohl es so aussieht. Bei dieser Methode hat das Wasser zwischen 90 und 95° C.
Es ist ein mit Druck erzeugter Filterkaffee, man nimmt lediglich etwas gröber gemahlenen Kaffee als beim Handfilter. Gerade deswegen macht es Spaß, die beiden Methoden zu vergleichen und festzustellen, welcher Kaffee mit welcher Zubereitungsart besser schmeckt.

Es gibt auch Geräte, die direkt auf den Herd gestellt werden, oder solche, bei denen der obere Behälter nicht aufgesetzt, sondern parallel zum unteren situiert ist und der Brenner mit einem Kippmechanismus gelöscht wird. Bei der aufgesetzten Variante besteht die Gefahr, dass zu stark erhitzt wird und es dadurch zu einer Implosion in der Glaskugel kommt. Auch wenn der Kaffee zu fein gemahlen ist und das Wasser nicht mehr zurückkann, hält die Glaskugel dem Dauerdruck möglicherweise nicht stand. Sollte das passieren, drehen Sie den gesamten Aufbau über dem Spülbecken um und entleeren Sie das Gerät. Dadurch kann Luft in die nun oben liegende Glaskugel und der Druck wird ausgeglichen.

Die Vakuumkanne von Hario®, einer Firma aus Japan, gibt es in drei verschiedenen Größen. Andere Hersteller von Vakuumkannen sind BODUM oder YAMA.
Eine wunderbare Beschreibung findet man auf http://coffeegeek.com/guides/siphoncoffee.
Wie bei allen Zubereitungsarten ist auch hier frisch gerösteter und frisch gemahlener Kaffee essenziell.
Für den Brenner am besten normalen Brennspiritus verwenden – kein Lampenöl! Teure Halogenstrahler sind leider schwer zu bekommen und gehen zudem schnell kaputt.
Die Kannen von BODUM benötigen keinen Brenner, man stellt sie direkt auf den Herd.

Brühen mit dem Siphon

- *25 g Kaffee grob mahlen.*
- *Karaffe mit vorgewärmtem Wasser bis zur obersten Markierung füllen.*
- *Glaskolben mit eingespanntem, gespültem Filter aufsetzen (man muss ihn nicht festdrücken, da er ohnehin angesaugt wird).*
- *Warten, bis das Wasser durch die erhitzte Luft nach oben gedrückt wurde.*
- *Kaffee oben einfüllen und ein- bis dreimal umrühren.*
- *Nach Belieben 20 Sekunden bis eine Minute ziehen lassen.*
- *Nochmals umrühren und die Hitzequelle abschalten oder entfernen.*
- *Nun wird das Wasser wieder in die Karaffe zurückbewegt, der Kaffeesud wird allerdings vom Filter aufgefangen.*
- *Kolben abnehmen.*
- *Karaffe zum Ausgießen verwenden.*

Am Ende sehen wir auch hier wieder am Kaffeesud, ob wir gut extrahiert haben. Ein schön gewölbter Kaffeekuchen zeugt von guten Turbulenzen vor dem Absaugen. Ein flaches Kaffeebett deutet auf gar keine Bewegung hin, ein spitz aufragender Vulkankrater auf zu viel Drehung beim Abfließen.

Aeropress

Aeropress mit Kolben, Einfülltrichter, Messlöffel, Rührstab, Filterhalter mit Filter (Jahresbedarf)

Die Aeropress ist eine platzsparende und günstige Methode, starken Kaffee zu machen, vor allem auch auf Reisen. Auch hier ist es ratsam, den Kaffee vor dem Brühen frisch zu mahlen. Es gibt schon sehr kleine Handmühlen, für die sich sicher ein Platz im Koffer findet. Wir gehen von den Parametern für Filter aus, empfehlen aber, selbst mit Mengen und Mahlgraden zu experimentieren, da jeder Kaffee andere Eigenschaften besitzt und die Frische entscheidend ist. Mit dieser Methode bekommt man eine sehr gleichmäßige Extraktion, weil der gesamte Kaffee zugleich mit dem Wasser in Kontakt kommt. Mit dem Kolben drückt man das Wasser gleichmäßig durch den Kaffee. Da diese Methode nicht länger als 20 Sekunden dauert, wird der Kaffee nicht bitter, aber durch den hohen Druck sehr geschmacksintensiv. Aus diesem Grund wird der Extrakt im Idealfall mit Heißwasser nach Belieben aufgegossen, um einen bekömmlichen, schwarzen Kaffee zu bekommen.

Man nimmt gewöhnlich zwischen 12–15 Gramm Kaffee und 200 ml Wasser für die Aeropress. Mehr oder weniger Kaffee/Wasser ändert die Intensität. Wassertemperatur zwischen 85–95°C je nach Kaffee, Röstgrad, persönlicher Vorliebe.

Legen Sie den Filter in den Filterhalter und schrauben Sie ihn fest auf die Aeropress. Mahlen Sie die gewünschte Kaffeemenge und erhitzen Sie das Wasser.

Stellen Sie die Aeropress auf ein passendes Gefäß oder eine Tasse. Füllen Sie den Kaffee mithilfe des Fülltrichters ein.

Mit der zur Kaffeemenge passenden Wassermenge aufgießen. Man kann hierfür die Ziffern an den Kolben verwenden oder das Gewicht mit einer Waage messen.

Wenn man schon beim Aufgießen gut gießt, erspart man sich das Umrühren mit dem Rührstab, der könnte zu zu viel Bewegung und Überextraktion führen.

Mit dem Kolben das Wasser komplett durch den Kaffee pressen.

Kurz und stark genießen oder nach Belieben mit Wasser verlängern.

Der Perkolator arbeitet mit Druck. Das Wasser wird erwärmt, steigt durch ein Metallröhrchen nach oben, trifft dort auf das Mahlgut und tropft wieder nach unten. Nach diesem Prinzip arbeitet auch die bekannte **„Espresso-“** oder **„Mokkakanne“**. Deren Name ist etwas irreführend, denn richtiger Espresso kann damit nicht hergestellt werden, da dafür der Druck nicht ausreicht: Bestenfalls 1,5 bar können erzielt werden. Dennoch kann man damit starken, guten Kaffee erzeugen.

Die Kanne besteht aus drei Teilen: einem Unterteil, der das Wasser enthält, einem Filtereinsatz für das Kaffeemehl und einem Kannenteil mit Steigrohr. Das nicht zu fein gemahlene Kaffeemehl wird locker in den Filtereinsatz gefüllt, aber nicht gepresst. Beim Erhitzen bildet sich in der unteren Kanne Dampf, der das heiße Wasser durch das Rohr in den oberen Teil der Kanne drückt. Dort sammelt sich das Kaffeegetränk.

Espressomaschine

Im Gegensatz zu anderen Zubereitungsmethoden wird bei der Espressozubereitung das Heißwasser mit hohem Druck durch das Kaffeemehl gedrückt. Die Frage stellt sich, ab wie viel Bar Druck man den Extrakt „Espresso" nennen darf. Der Espressoliebhaber würde sagen: ohne Crema kein Espresso. Für die Espressozubereitung gibt es die unterschiedlichsten Techniken:

Kesselmaschinen

Eigentlich erzeugen diese Maschinen nicht den Druck, um einen Espresso, wie wir ihn heute kennen, herzustellen. In der unteren Hälfte des Kessels befindet sich Heißwasser, in der oberen Hälfte Dampf. Kaffee wird mit dem Siebträger in die Gruppe eingehängt und das Ventil geöffnet. Nun drückt der Dampf mit 1,2 bar das Heißwasser durch das Kaffeemehl. Das Wasser ist jedoch viel zu heiß (110–120° C) und durch den niedrigen Druck wird nur ein starker schwarzer Kaffee ohne Crema extrahiert. Dafür wurde schon damals der Dampf zum Milchwärmen und -schäumen benutzt.

Victoria Arduino Extra 1905 (oben) und La San Marco Lollobrigida 1955 (unten) aus der Enrico Maltoni Collection

Hebelmaschine

Bei einer Hebelmaschine wird beim Nach-unten-Ziehen des Hebels durch eine Übersetzung ein Piston (Kolben) nach oben gezogen, der wiederum eine 10 bar starke Feder zusammendrückt. Gleichzeitig öffnet sich das Ventil zum Kessel und lässt Heißwasser mit dem Leitungsdruck auf den Kaffee fließen. Der wird nun vorgebrüht (Preinfusion Seite 135). Solange der Hebel unten gehalten wird, fließt Wasser. Wird er losgelassen, streckt sich die Feder wieder in ihre Ausgangsposition und drückt somit den Piston nach unten auf den nassen Kaffee. Bei einem sanft sinkenden Druck von 10 bar abwärts wird der Kaffee perfekt extrahiert, der Kuchen ist trocken. Da das Wasser direkt aus der Gruppe rausgepresst wird, gibt es an diesen Maschinen kein Überdruckventil.

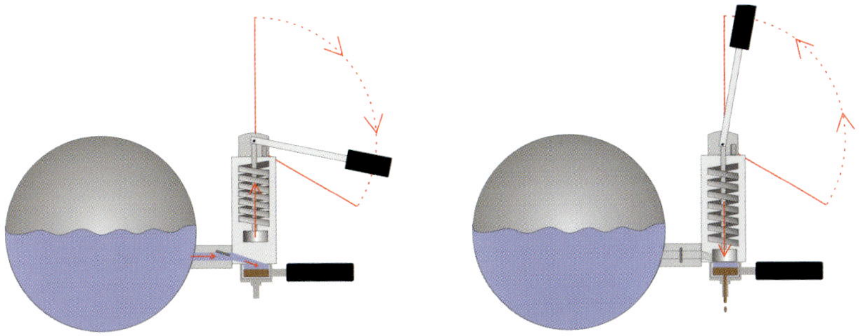

Bei den ersten Hebelmaschinen waren die Kessel noch einfach und das Espressowasser wurde gleichzeitig auch als Teewasser verwendet. Bei einem Kesseldruck von 1–1,2 bar hatte das Kesselwasser zwischen 110 und 120° C, zu heiß für den Kaffee. Daraufhin wurden Wärmetauschersysteme (Abb. Seite 98) gebaut, bei denen das Wasser in Kesselwasser und Wasser für die Gruppe aufgeteilt wird. Das sehr heiße Kesselwasser heizt das durch den Wärmetauscher fließende Frischwasser schnell bis 88–94° C – je nach Temperatur des Kesselwassers, wodurch das Espressowasser nicht mehr zu heiß ist. Wenn man jedoch die Maschine 10 Minuten und länger nicht benutzt, ist auch das Espressowasser wieder überhitzt und es sollte vor dem Einsetzen des Siebträgers abgelassen werden („flushen").

Maschinen mit Pumpe

Faema E61 aus der Enrico Maltoni Collection

Immer noch mit dem Wärmetauscherkessel ausgestattet, ging man dazu über, statt dem unpraktischen Handhebel elektrische Pumpen zu verwenden, um den gewünschten Wasserdruck von 9 bar zu erzeugen. Zwischendurch gab es einige hydraulische Varianten, bei denen ein Kolben durch Dampf oder Wasser bewegt wurde, um das Espressowasser durch den Kaffee zu pressen. Doch aufgrund des hohen Wasserverbrauchs und mangelnden Drucks hat sich keine dieser Varianten gehalten. Die erste bekannte Maschine mit elektrischer Pumpe war die Faema E61. Hervorzuheben ist die Brühgruppe der E61, die mit dem schon in der Gruppe stehendem Heißwasser für eine sanfte Vorbrühung (Preinfusion) sorgt, bis bei geöffnetem Ventil das Wasser mit 9 bar den Kaffee brüht. Gleichzeitig wärmt Heißwasser im Gruppenkopf die außen liegenden Gruppen auf. Mit einem kleinen Hebel neben dem Gruppenkopf wird die Pumpe durch Übersetzung angesprochen und fördert so lange Wasser mit konstantem Druck von 9 bar, bis der Barista den Vorgang stoppt. Heute gibt es elektrische Druckknöpfe, die mithilfe von Magnetventilen und Flowmetern automatisch die gewünschte Wassermenge abgeben. Da nun das nicht zur Extraktion benutzte Restwasser mit 9 bar Druck in der Gruppe stehen bleibt, muss es über ein Überdruckventil abgelassen werden. In die Espressotasse darf nach dem Wasserstopp nichts mehr nachlaufen. Gäbe es kein Überdruckventil, hätten wir beim Öffnen des Siebträgers den heißen Kaffeeschlamm mit 9 bar Druck auf der Schürze.

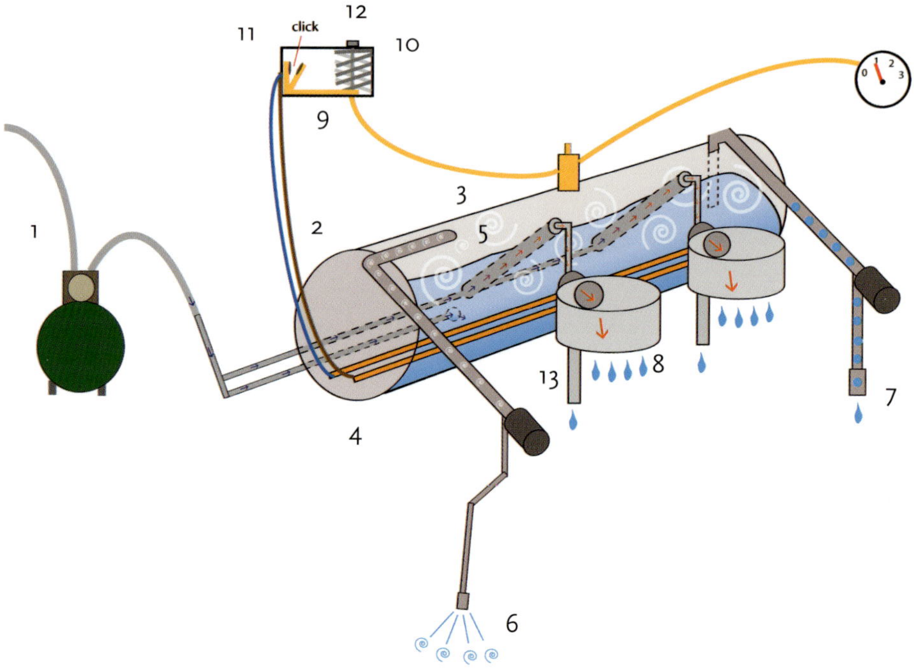

*Wasser wird in der **Pumpe (1)** auf 9 bar komprimiert und in den **Kessel (2)** und die **Wärmetauscher (3)** gefördert. Das Kesselwasser wird von **Heizstäben (4)** auf 110 bis 120° C erhitzt, wodurch der Dampfdruck im Kessel 1–1,2 bar beträgt. Dieser **Dampf (5)** wird auch zum **Milchschäumen (6)** verwendet. Das **Kesselwasser (7)** sollte nicht für Tee verwendet werden, da es zu heiß ist. Bei moderneren Maschinen wird das „Teewasser" mit Frischwasser auf eine niedere Temperatur gebracht.*

*Das Wasser im Wärmetauscher wird immer kalt nachgefördert, wenn aus der **Gruppe (8)** Espresso entnommen wird. Von dem die Wärmetauscher umgebenden Kesselwasser wird es schnell auf die gewünschte Temperatur zwischen 80–94° C erhitzt.*

*Die Temperatur wird durch den **Pressostat (9)**, eine Box mit **Feder (10)** und einem elektrischen **Relais (11)** geregelt. (Kontrolliert wird der Druck, da sich Druck und Temperatur proportional verhalten; so kann indirekt auch die Temperatur kontrolliert werden.) Der Kesseldampf drückt je nach Kesseltemperatur mehr oder weniger auf die Feder. Wie weit die Feder sich bewegen darf, ist durch die **Schraube (12)** am oberen Ende zu regulieren. Ist die Kesseltemperatur zu stark, wird also mehr Dampf erzeugt, wird die Feder stärker gedrückt und die Übersetzung öffnet ein Relais, das die Stromzufuhr zu den Heizstäben unterbricht. Nun kühlt der Kessel wieder ab und der Dampfdruck wird schwächer, die Feder dehnt sich und schließt das Relais. Strom fließt wieder und die Heizstäbe beginnen das Kesselwasser anzuheizen, bis der Dampfdruck wieder steigt, usf.*

*Das unter Druck stehende restliche Espressowasser, das nach der Extraktion noch in der Gruppe steht, wird durch ein **Überdruckventil (13)** nach unten aus der Gruppe abgelassen.*

Die meisten Espressomaschinen in der Gastronomie sind noch herkömmliche Wärmetauschermaschinen. Aufgrund der vorher genannten Probleme mit der instabilen Temperatur wurden verschiedene neue Techniken entwickelt, denn eine konstante Wassertemperatur ist einer der wichtigsten Faktoren für die perfekte Extraktion des Espressos.

Beim **Dual Boiler System** wird im hinten liegenden Boiler Wasser zur Heißwasserentnahme und für den Dampf zum Milchschäumen erhitzt. Das Espressowasser befindet sich in einem zweiten Boiler (im Vordergrund) und wird exakt auf die gewünschte Brühtemperatur erhitzt. Durch die große Menge des Heißwassers bleibt die Temperatur stabil, auch wenn ständig Kaffee gebrüht wird.

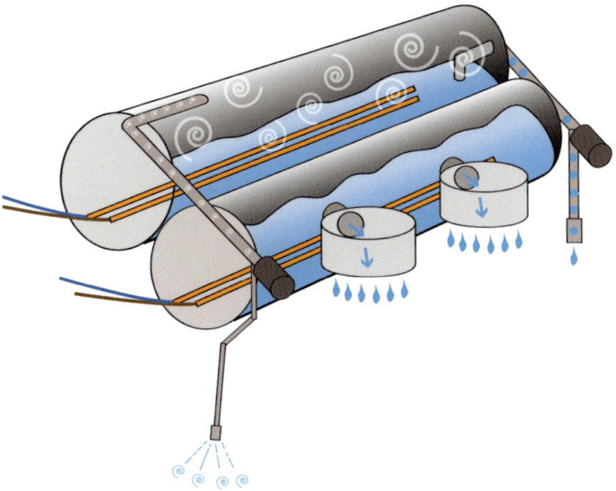

Auch das Milchschäumen beeinflusst die Kesseltemperatur nicht mehr. Dieses System ist für gut besuchte Cafés oder Coffeeshops mit großen Milchkaffees geeignet. Bei seltener Kaffeeentnahme steht das Wasser zu lange abgekocht im Kessel.

Beim **Mehrboilersystem** gibt es im hinteren Bereich den Boiler für Heißwasser und Dampf. Für das Espressowasser hat jede Gruppe einen eigenen Boiler mit Heizstab. Die Boiler variieren je nach Marke zwischen 400 und 1,2 Liter. Damit ist es möglich, auf jeder Gruppe eine andere Temperatur einzustellen. Das ist praktisch, wenn man verschiedene Kaffeesorten verwendet, die unterschiedliche Brühtemperaturen benötigen. Gruppe und zugehöriger Kaffee dürfen unter keinen Umständen verwechselt werden.

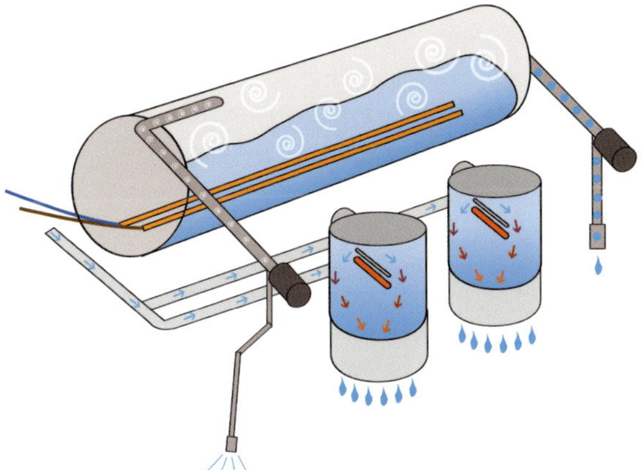

Für stabile Temperaturen wird in Dual- und Mehrboilersystemen die **PID Control** verwendet (Proportional-Integral-Derivative Controller). Mit diesem komplexen Regelkreis wird die Temperatur des Wassers kontrolliert und gesteuert, indem ständig der Ist-Wert der Temperatur mit dem Soll-Wert verglichen wird und dementsprechend geheizt wird oder nicht.

Bacchi

Echter Espresso vom Herd! Andrea Bacchi ist der Erfinder dieser Espressokanne, die endlich einen „echten“ Espresso am Herd erzeugen kann. Herkömmliche Mokkakannen brühen den Kaffee ohne besonders hohen Druck auf. Bei der „Bacchi“ wird der Brühvorgang in zwei Phasen aufgeteilt: Im unteren Bereich wird zunächst Wasserdampf bis auf 9 bar gebracht. Wenn dieser Druck erreicht ist, beginnt ein Ventil zu pfeifen. Beim Öffnen des Ventils drückt nun ein vom Dampf angetriebener Kolben das 88–91° C heiße Wasser im darüberliegenden Behälter von unten durch den Kaffee in ein Sieb. Mit diesen 9 bar extrahiert kommt nun durch die Auslässe eine wunderbare Crema. Man kann zwei Espressi parallel machen oder durch das Verschließen eines Rohres einen doppelten Espresso aus einem Auslass. Da der Espresso direkt in die Tasse läuft, gibt es keinen durch zu langes Kochen am Herd überextrahierten, bitteren Kaffee mehr.

Andrea Bacchi wollte zunächst seine Kaffeemaschine selbst auf den Markt bringen, aber seine Versuche scheiterten. Auch von diversen großen Kaffeeproduzenten bekam er keine Unterstützung. Erst vier Kaffeefreunde – ein Manager, ein Röster, ein professioneller Kaffeetester und ein Fabrikant, der die Produktionshalle zur Verfügung stellte – ermöglichten ihm die Fertigung seiner Bacchi Espresso mit der Gründung des Unternehmens Caffemotive S.P.A.

Inbetriebnahme

1. Drehknauf (K) vollständig lösen und Einzelteile aus dem Rahmen entnehmen – ***Abb. 1.***
2. Wasser in den Kocher (G) füllen; die Markierung (H) darf nicht überschritten werden – ***Abb. 2.***
3. Druckverstärker-Gruppe (E) vorsichtig in das Gehäuse setzen und danach die Wasserkammer bis zur Markierung (I) füllen – ***Abb. 3.***
4. Fein gemahlenen Kaffee (wie für Espressomaschinen) lose bis zur Markierung (L) in den Filtereinsatz (C) füllen – ***Abb. 4.*** *Drücken Sie das Kaffeemehl NICHT an!*
5. Den gefüllten Filtereinsatz (C) in die Filteraufnahme der Brühkammer (D) legen und den Deckel (A) darauf setzen.
6. Ausschankknopf (L) im Uhrzeigersinn bis zum Anschlag drehen, um sicherzustellen, dass die Auslassstutzen geschlossen sind.
7. Die bereits zusammengesetzten Komponenten (D, C, A) auf die Druckverstärker-Gruppe (E) in den Rahmen setzen und die Teile in die richtige Position drehen (Auslassstutzen über Tassenhalter, Ausschankknopf weist nach vorne).
8. Drehknauf (K) festdrehen, um alle Einzelteile der Espressomaschine sicher miteinander zu verbinden.
9. Espressomaschine auf eine mittelgroße Heizquelle stellen und auf max. Leistung drehen. Nach ca. 6 Minuten sind der erforderliche Druck und die optimale Temperatur erreicht und es erklingt ein Pfeifton. Etwa 1 Minute vor dem Pfeifton wird die Espressomaschine anfangen zu zischen. Daran erkennt man, dass der Espresso bald fertig ist. Tassen zum Vorwärmen auf die dafür vorgesehenen Tassenhalter stellen. Pfeift es schon vor 6 Minuten, die Heizquelle kleiner stellen. Pfeift es erst nach 8 Minuten, dauert der Brühvorgang zu lange, Hitze erhöhen.
10. Ausschankknopf eine halbe Umdrehung gegen den Uhrzeigersinn drehen und die gewünschte Menge Espresso in die bereitgestellten Tassen laufen lassen. Danach den Ausschankknopf wieder schließen.
11. Sobald der gebrühte Espresso entnommen wurde, Heizquelle abschalten und Bacchi von der Kochstelle nehmen.
12. Macht man nur einen einzelnen Espresso (7–8 g) legt man Ring (B) in das Sieb und verschließt mit (F) einen der Auslässe.

Abb. 1.

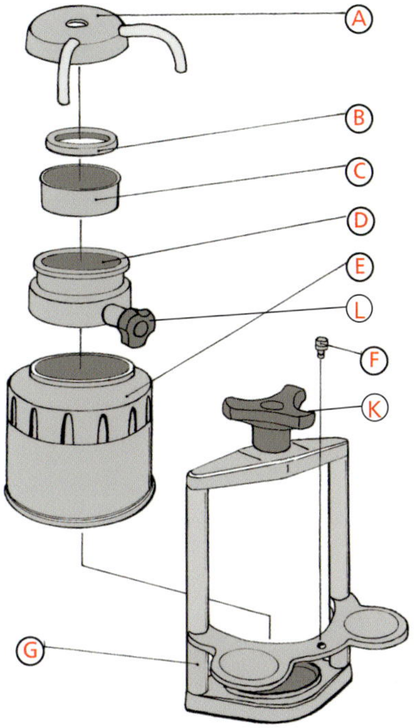

Abb. 2.

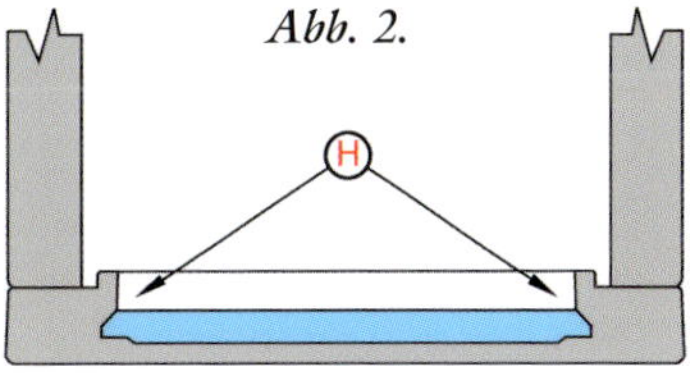

Abb. 3.

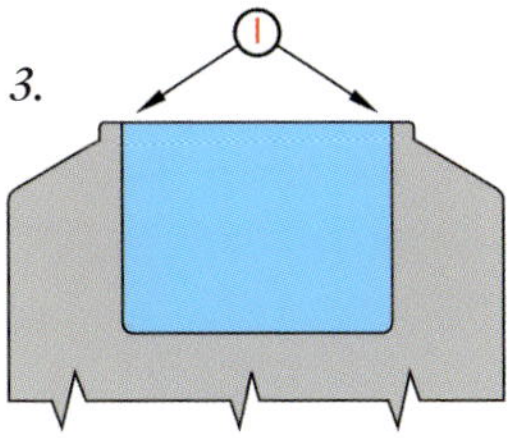

Abb. 4.

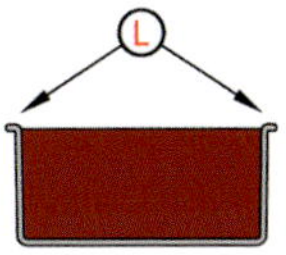

Siebträgermaschinen und Vollautomaten

Wer sich mit Filterkaffee nicht anfreunden kann und noch keine Bacchi hat, kommt an Siebträgermaschinen und Vollautomaten nicht vorbei. Siebträger benötigen ein externes Mahlwerk und einen Tamper, die Vollautomaten bieten ein Komplettangebot, d.h. man wählt die gewünschte Tassengröße, der Kaffee wird mit dem eingebauten Mahlwerk gemahlen und der Kaffee rinnt auf Knopfdruck in die Tasse. Auch wenn Vollautomaten für den Hausgebrauch bereits sehr guten Kaffee produzieren, schwören wahre Espressoliebhaber auf Handarbeit und verwenden Vollautomaten nur, wenn der Komfort eine besondere Rolle spielt.

Vollautomaten wurden ursprünglich für die Gastronomie entwickelt und waren in erster Linie nicht für Espresso gedacht, sondern zur Produktion eines Café Crème. Die ersten Modelle stammten nämlich aus der Schweiz. Heute sind die Geräte wesentlich vielseitiger und erledigen alle Aufgaben vom Espresso bis zum beliebten Caffè Latte. High-End-Vollautomaten sind mit Keramikmahlwerken ausgestattet und verfügen über intelligente Vorbrühverfahren. Für Sauberkeit sorgen automatische Reinigungsprogramme für Spülen, Reinigen und Entkalken. Einige Modelle haben sogar einen Internetanschluss oder können via PC programmiert werden. Wasser- wie Pulvermenge, Wasserhärte und selbst der Dampf lassen sich über einen Touchscreen einstellen. Eine zweistufige Aufschäumdüse sorgt für das richtige Milchschaumhäubchen und selbst eine Beleuchtung der Tasse wird mitunter nicht vergessen.

Grundsätzlich ist ein gewisser Druck nötig, um Fette und Öle sowie die wichtigsten Aromaträger in einer Emulsion zu binden. Früher wurde der Druck mit einem Hebel erzeugt, der eine starke Spiralfeder komprimierte. Diese **Handhebelmaschinen** gibt es noch heute. Manche kleinen Haushaltsgeräte (siehe Abbildung) schauen toll aus, besitzen aber nicht die Pumpe oder Feder, um einen Wasserdruck von echten 9 bar zu erzeugen. Was noch dazukommt, ist, dass diese Maschinen nur den einen Kessel für Kaffee und Dampf besitzen. Das Wasser darin hat, wenn es voll aufgeheizt ist, 110–120°C und ist somit viel zu heiß für jeden Kaffee.

Diese Handhebelmaschine wird bis heute nach einem Design von 1950 erzeugt.

Bei Haushaltsmaschinen unterscheidet man **ein- und zweikreisige Systeme**. Damit wird bezeichnet, ob Dampf und Brühwasser in einem gemeinsamen Boiler oder zwei getrennten Kesseln erhitzt werden. Der Vorteil des zweikreisigen Systems ist, dass Milchschaum und Espresso gleichzeitig erzeugt werden können. Manche Maschinen arbeiten auch mit einem Durchlauferhitzer und sind dadurch schon nach kurzer Zeit einsatzbereit. Um alle Geräteteile gleichmäßig vorzuwärmen, sollte man nach der Aufheizphase noch heißes Wasser durch die Brühgruppe fließen lassen.

Ein zweikreisiges Siebträgergerät für den Heimgebrauch.

Immer wieder teste ich für die Medien Maschinen und muss große Unterschiede feststellen. An einigen Geräten kann man schon sehr viele Feinjustierungen vornehmen, täglich reinigen muss man aber alle gründlich. Obwohl sie das Kaffeemachen erleichtern, handelt es sich um „Kochgeschirr“, das nach jedem Kaffee verschmutzt. Oft sind auch die teuersten Maschinen nicht die besten, man zahlt nur Extras wie bunte Displays oder Bluetoothverbindung.

Mehrere Hersteller haben Vollautomaten im Sortiment, die Cappuccino auf Knopfdruck erzeugen können. Diese Geräte müssen gründlich gereinigt werden – speziell alle Teile, die mit Milch in Berührung kommen.

Siebträgermaschine oder Vollautomat?

Wer sich gerne intensiv mit allen Aspekten der Kaffeezubereitung auseinandersetzt, wird sich für ein Siebträgergerät entscheiden. Solche Geräte waren im Haushalt bislang eher selten im Einsatz, da sehr viel beachtet und eingestellt werden muss. Jedes Detail muss manuell in vielen einzelnen Handgriffen gemacht und justiert werden: der Mahlgrad, die Pulvermenge, der Anpressdruck etc. Dafür ist viel Fingerspitzengefühl nötig. Genau diese Vorgänge hat der Vollautomat perfektioniert und automatisiert und ist somit ein vollautomatischer, perfekt eingestellter Mini-Barista. Viele Kunden lieben die einfache Bedienung: ein Knopfdruck und der Kaffee fließt. Die Einstellmöglichkeiten eines Vollautomaten sind zwar im Vergleich zum Siebträgersystem beschränkt, doch hat man die Freiheit, die Bohnen selbst auszuwählen und durch die variable Brühkammer die Kaffeemenge auf unterschiedliche Kaffeewünsche einzustellen. Der Eindruck, mit einem Vollautomaten weniger Arbeit zu haben, täuscht allerdings, denn Vollautomaten brauchen mindestens so viel Pflege und Wartung wie Siebträgergeräte. Das Entleeren und Auffüllen der verschiedenen Behälter braucht Zeit und die Bohnenbehälter verleiten dazu, Bohnen tagelang in der warmen Maschine stehenzulassen.

Pad- und Kapselsysteme

Im Kaffeebereich sind leider die *„Pads“*, *„Cialde“*, *„Pods“*, *„Servings“* oder Kapseln die am schnellsten wachsende Produktgruppe. Damit lassen sich bei einfacher Bedienung und geringem Reinigungsaufwand Einzeltassenportionen von Kaffees aller Art herstellen. Schnell, praktisch, jedoch ohne Kontrolle über Herkunft und Qualität. Die Zuwachsraten in diesem Segment sind beachtlich: In fünf Jahren wurde die verkaufte Menge um das Zehnfache gesteigert. Und der Trend hält weiter an.

Cialde enthalten eine luftdicht verpackte Espressoportion und können in allen gängigen Siebträgermaschinen eingesetzt werden.

Bei einem **Pad** bzw. einer **Kapsel** wird eine geringe Kaffeemenge für eine Portion in Papier, Plastik oder Folie eingeschweißt. **Softpads** sind lose Kaffeeportionen. Espressopads oder **Cialde** enthalten eine gepresste und luftdicht verpackte Kaffeeportion.

Man unterscheidet zwischen offenen und geschlossenen Systemen. Manche der Pads eignen sich nur für Maschinen eines bestimmten Herstellers, andere können wiederum mit einem speziellen Trägersystem von unterschiedlichen Geräten verwendet werden. Insgesamt gibt es mehr als 20 verschiedene Größen und Formen und eine große Auswahl an Geräten. Einige Modelle besitzen auch einen eigenen Behälter für Milchschaum und sind damit sogar für Cappuccino und Macchiato gerüstet.

Diese Systeme haben ihre Vor- und Nachteile. Wer mit dem Kaffeeangebot eines bestimmten Herstellers zufrieden ist, sollte kein Problem haben. Eigene Mischungen oder spezielle Röstungen sind natürlich nicht möglich. Zudem ist zu bedenken, dass Kapseln aus Aluminium oder Kunststoff nicht unbedingt umweltfreundlich sind und zum Müllberg beitragen: An Recyclingsystemen wird in einigen Ländern von den Produzenten gearbeitet, doch weit verbreitet sind diese noch nicht. Auch der Preis des Kaffees ist wesentlich höher (bis über 50 Euro das Kilo); andererseits bleibt der portionsweise verpackte Kaffee auch bei seltenem Kaffeekonsum frisch.

Auch mit Kapselsystemen lässt sich inzwischen eine breite Auswahl an Kaffeespezialitäten zubereiten.

Espressomaschine oder Kapselsystem?

Ausschlaggebend für die Wahl des richtigen Geräts sind die eigenen Wünsche und Gewohnheiten. Deshalb ist es wichtig zu beobachten, wie viele Tassen Kaffee man am Tag trinkt. Sollten es mehr als zwei sein, geht die Wahl zum Halb- oder zum Vollautomaten, sonst ist ein Pad-System oder Kapsel-System passender, um nicht eine ganze Packung wegen 2 Kaffees pro Woche alt werden zu lassen. Außerdem sollten die persönlichen Präferenzen festgestellt werden: Trinkt man am liebsten guten Espresso, dann empfiehlt sich ein Pad- oder Kapselsystem, wünscht man sich jedoch Varianten wie Verlängerten, Caffè Latte, Cappuccino, Latte Macchiato etc. und hat man zudem regelmäßig Gäste, dann ist ein Halb- oder Vollautomat die bessere Lösung.

Kaffeekapseln sind inzwischen in zahlreichen Variationen erhältlich. An die Vielfalt von offen erhältlichen Kaffees kommen sie jedoch nicht heran.

Die Geschichte der Espressomaschine

Wenn heute Espressomaschinen etwa „Bezzera BZ 99" oder „La Pavoni Pub EM" heißen, erinnern sie, ähnlich wie bei den Automarken, an ihre großen Erfinder. Luigi Bezzera, ein Mailänder Metallwarenhersteller, hatte nämlich Anfang des 20. Jahrhunderts eine geniale Idee: Er erfand den Siebträger, den man mit Kaffeepulver füllte und durch den heißer Wasserdampf gepresst wurde.

Früher wurde nämlich nur Mokka serviert oder der Kaffee durch große Metallsiebe gefiltert. Das dauerte lange, die erste Tasse war stärker als die letzte und der Kaffee wurde schnell sauer und bitter. Durch Bezzeras Innovation konnte der Kaffee frisch und vor allem schnell zubereitet werden.

Da er nicht genügend Kapital hatte, suchte Bezzera einen Partner und verkaufte seine Erfindung an Desiderio Pavoni. Pavoni erfand das Dampfventil, und beide konnten ihre Maschine 1906 in Mailand präsentieren. Die erste Espressomaschine war geboren! Leider hatte sie noch einige Macken, denn das zentrale Element war ein großer Kessel, der auch durchaus explodieren konnte. Durch die verschiedenen Einstellungen, die zu beachten waren, waren speziell geschulte Personen nötig: die ersten Baristi.

Francesco Illy schrieb sich mit seiner „Illetta" in die Reihe der Kaffeepioniere ein. Dabei wurde der Druck nicht mehr durch Wasserdampf, sondern durch Druckluft erzeugt und gesteuert. Weiters sorgte er für eine automatische Wasserdosierung. Der Kolben, mit dem das Wasser komprimiert werden konnte, wurde von Cremonesi erfunden und von Achille Gaggia weiterentwickelt.

Von Gaggia stammen auch die heute noch gültigen Kriterien für einen Espresso, wie Menge, Wassertemperatur, Druck, Extraktionszeit und die im Vergleich zu vorher wesentlich geringere Wassermenge. Seither gibt es auch die typischen kleinen dickwandigen Espressotassen. Sie speichern die Wärme besser, denn durch die geringe Menge würde der Kaffee schnell auskühlen.

Reinigung und Wartung

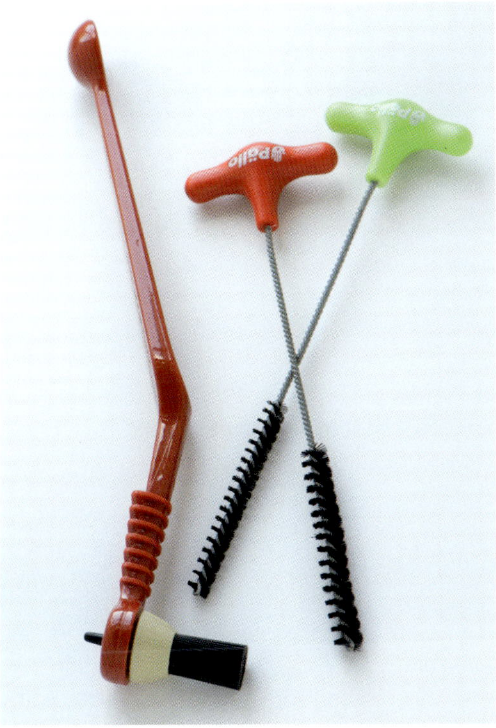

Eine wichtige Voraussetzung für guten Kaffee ist eine gereinigte Maschine.
Schmutzige Geräte verschlechtern den Kaffeegeschmack und erhöhen die Wartungskosten. Deshalb ist eine regelmäßige Reinigung notwendig, um Kaffeereste, eingebrannte Öle, Kalk, Bakterien und andere Verunreinigungen zu entfernen. Mit einigen routinierten Handgriffen hält man die Maschine in einem einwandfreien Zustand und kann jederzeit gleich köstlichen Kaffee erzeugen.

Links ein Multifunktionsinstrument: Gruppenkopfbürste mit Rillen, die das Heißwasser von den Fingern ablenken, und Maßlöffel für Reinigungspulver, mit austauschbarem Bürstenkopf und Nadel. Rechts „Steamy Wanda", eine schmale Bürste zum Reinigen des Dampfstabs nach Abschrauben des Kopfes.

Filterkaffeemaschinen

Alles, womit Kaffee gebrüht und serviert wird, muss sauber und frei von Kalk oder anderen Rückständen sein: Vor allem der Brühkopf und der Wasserbehälter.

Vollautomaten

Auch Kaffeevollautomaten – egal ob in der Gastronomie oder zu Hause – müssen regelmäßig gereinigt werden, um eine gleichbleibende Qualität des Kaffees zu garantieren. Dabei richtet man sich am besten nach den Herstellerangaben und verwendet nur zur Maschine vorgegebene Reinigungstabletten.

Siebträgergeräte

Mahlwerk

In einem ungepflegten Mahlwerk werden die Kaffeereste ranzig und verhärten zu einer festen Masse.

Belässt man Kaffeereste im Mahlwerk, werden die Öl- und Fettrückstände in kurzer Zeit ranzig und verhärten sich nach einiger Zeit zu einer äußerst zähen, dann festen Masse, die brockenweise sogar im Siebträger landen kann. Besonders in den und um die Mahlscheiben dürfen sich keine Kaffeereste festsetzen. Daher sollte man den Trichter jeden Abend restlos leeren und den Tunnel und die Dosierkammer mit einem Pinsel von Fettresten befreien. Die Mahlscheiben werden täglich abgebürstet oder mit einem Handstaubsauger ausgesaugt.

Brühgruppe

Egal ob Voll- oder Halbautomat: Eine regelmäßige gründliche Reinigung des Gerätes ist unabdingbar. Abgesehen vom hygienischen Aspekt brennen die Kaffeeöle an heißen Teilen der Maschine an und beeinflussen damit den Kaffeegeschmack. Der Kaffee schmeckt dann rußig und schmutzig. Daher sollte man mehrmals täglich rückspülen und jeden Abend mit einem eigens dafür vorgesehenen Reinigungsmittel reinigen. Einmal wöchentlich sollte auch das Duschsieb entfernt und ebenfalls gründlich gesäubert werden.

Für das **Rückspülen** benötigt man ein sogenanntes Blindsieb oder eine Gummischeibe zum Abdichten des Siebträgers. Der Siebträger wird eingespannt, das Wasser eingeschaltet und der Siebträger in Abständen von einigen Sekunden mehrfach geöffnet und geschlossen. Das Wasser, das das Sieb füllt und dann überquillt, reinigt die Dichtung am Gruppenkopf, die Dusche und das Duschsieb.

Mit einer Gummiplatte kann das Sieb zum Rückspülen oder Reinigen abgedichtet werden.

Mit der Bürste reinigt man die Gruppenkopfdichtung, die Dusche und das Duschsieb.

Beim Rückspülen öffnet und schließt man den Siebträger, damit das überquellende Wasser noch Kaffeereste vom Gruppenkopf mitreißen kann.

Für die tägliche gründliche Reinigung füllt man eine kleine Menge Reinigungsmittel auf das Blindsieb bzw. die Gummiplatte und spannt den Siebträger in die Gruppe. Nun wird der Wasserdruck zehn bis zwölf Sekunden lang aufgebaut. Danach schaltet man die Pumpe ab und wiederholt dies in Sechs- bis Zehn-Sekunden-Abständen, wodurch das unter Druck stehende seifige Wasser hinten durch das Überdruckventil abgelassen wird. Das ist notwendig, um dieses Ventil, das den ganzen Tag Restkaffee abgelassen hat, akkurat zu reinigen. Wäre es eines Tages komplett verstopft, würde sich der Überdruck nach der Extraktion beim Öffnen des Siebträgers entladen, was zu ernsten Verbrennungen führen kann.

Siebträger

Auch der **Siebträger** muss gereinigt werden. Dazu nimmt man täglich das Sieb heraus und reinigt ohne Kratzen (!) Boden und Auslauf, am besten durch Einlegen in ein gutes Reinigungsmittel. Säurehaltige Mittel sollten nicht verwendet werden.

So sieht ein vernachlässigter Siebträger aus.

Im laufenden Betrieb gilt: Den Siebträger nach dem Ausklopfen einfach mit einem dafür reservierten Tuch gut auswischen – Auswaschen mit Wasser ist nicht notwendig. Das Sieb muss immer sauber und trocken sein, damit das Kaffeemehl beim nächsten Mal keine Klumpen bildet oder in feuchten Siebporen aufquillt und somit den gleichmäßigen Durchfluss des Wassers behindert. Siebträger nach Gebrauch immer sofort ausklopfen und leer, sauber und trocken wieder in das Gerät einhängen, damit kein alter Kaffee oben anbrennt und den Geschmack beeinflusst.

Normalerweise bleiben nach dem Ausklopfen kaum Kaffeerückstände im Sieb zurück. Wenn das Sieb mit Wasser gereinigt werden muss, weil statt einem festen Kaffeekuchen nach der Extraktion Schlamm darin verblieben ist, war der Kaffee zu fein gemahlen.

Auch die Tropftasse sollte stets sauber gehalten werden, da man die Kaffeerückstände sonst auf der Untertasse wiederfindet.

Dampfstab

Den Dampfstab nach jedem Aufschäumen sofort ausblasen und mit einem feuchten Tuch abwischen (siehe Seite 146). Zusätzlich stellt man den Dampfstab täglich für einige Minuten in Wasser mit Reinigungsmittel, etwa einem alkalischen Mittel, damit sich der Milchstein aus Fett und Kalk löst. Danach abwischen und ausblasen. Auch die Tropftasse muss stets abgewischt werden.

Wird der Dampfstab nicht regelmäßig gereinigt, ist erhebliche Verschmutzung die Folge.

Entkalken

Kalk setzt sich schon nach kurzer Zeit an allen Maschinenteilen ab, die mit Wasser in Kontakt kommen. Das können weder Filterpatronen noch Wasserfilter verhindern. Je nach Kalkgehalt des Wassers sollte deshalb bei Haushaltsgeräten einmal im Monat, bei Bedarf auch öfter, entkalkt werden. Ganz wichtig: nach dem Entkalken immer gründlich und lange spülen! In der Gastronomie arbeitet man mit eigenen Filteranlagen. Dadurch dauert es dann im Normalfall mehrere Jahre, bis die Maschine unter Verkalkung leidet. Vollständig darf der Kalk jedoch nicht herausgefiltert werden, da Mineralien auch für den Geschmack wichtig sind (siehe Seite 112).
Man unterscheidet zwischen organischen und anorganischen Entkalkern. Beide werden heute oft in flüssiger Form angeboten. Alternativ sind auch Pulver oder Tabs erhältlich. Zu den organischen Entkalkern zählen etwa Essigsäure, die allerdings nicht nur den Kalk, sondern auch Maschinenteile angreift, sowie Zitronensäure, Milchsäure, Weinsäure und Apfelsäure. Für Filtermaschinen können diese Säuren verwendet werden, für Vollautomaten sind sie hingegen weniger geeignet, da hier die Dichtungen angegriffen werden. Anorganische Entkalker bestehen meist aus Amidosulfonsäure.

Tassen

Tassen sollen mit der Öffnung nach oben auf die Maschine gestellt werden, damit der Boden angewärmt wird, nicht der Rand (an dem man sich den Mund verbrennen kann). Solange die Maschine eingeschaltet ist, kann kein Staub in die Tassen fallen, da die Hitze die Luft aufsteigen lässt. Tücher auf die Tassen zu legen, ist unhygienisch und kann zu einem Hitzestau führen. Angefasst werden die Tassen immer am Henkel, nicht am Rand.

Wasser

Kaffee enthält bis zu 99 Prozent Wasser – nur verständlich, dass es für die Kaffeezubereitung große Bedeutung hat. Auswirkungen auf den Geschmack haben insbesondere zwei Eigenschaften: der Härtegrad und der pH-Wert.
Wasser kommt nämlich in der Natur nicht in chemisch reinem Zustand vor, da viele Stoffe darin enthalten sein können, etwa Mineralien und insbesondere Kalzium.
Je mehr Kalzium Wasser enthält, desto härter ist es. Der **Härtegrad** wird noch immer nach „deutschen Härtegraden" gemessen (°dH). Man unterscheidet zwischen der permanenten und der temporären Härte des Wassers. Erstere beschreibt den Anteil an nicht oder schwer löslichen Bestandteilen des Wassers wie Chloriden und Sulfaten. Für die Kaffeezubereitung haben diese allerdings eine geringere Bedeutung. Weiters verursachen sie auch keine Ablagerungen. Im Gegensatz zu den Kalzium- und Magnesium-Ionen der temporären oder auch Karbonathärte, die beim Erhitzen gelöst werden und den Kesselstein bilden. Den Gehalt an diesen Ionen im Wasser bezeichnet man als „Gesamthärte".
Der Härtebereich wird in drei Stufen angegeben: weich, mittel und hart. Ein Anruf beim ortsansässigen Wasserwerk genügt meist, um den Härtegrad des Wassers festzustellen.

Härtebereich	Millimol-Gesamthärte je Liter	°dH
weich	weniger als 1,5	weniger als 8,4°dH
mittel	1,5 bis 2,5	8,4°dH bis 14°dH
hart	mehr als 2,5	mehr als 14°dH

Salze und Mineralien bestimmen den **pH-Wert** des Wassers. Damit wird angezeigt, ob das Wasser eher sauer oder basisch ist. Die Skala reicht von 1 (sehr sauer) bis 14 (sehr basisch). Weiches Wasser (mit einem Härtegrad von unter 6°dH) ist eher sauer, Wasser mit über 8°dH eher basisch.
Für Kaffee ist ein möglichst neutraler pH-Wert günstig, d. h. um die 7–8°dH. Eine **niedrige Wasserhärte** verschiebt den pH-Wert in den **sauren** Bereich, was bei helleren Kaffeesorten oder säurebetonten Arabica-Sorten problematisch wird, da hier die Säuren noch stärker zum Tragen kommen. Man könnte damit im Extremfall sogar Obers zum Gerinnen bringen. In so einem Fall sollte man auf säurearme Kaffeesorten umsteigen. Weiches, saures Wasser greift außerdem Dichtungen und Leitungen an, kann durch Partikel im Wasser Magnetventile zerstören und damit erhebliche Wartungskosten verursachen.
Ist das Wasser sehr **hart** und damit tendenziell **basisch**, werden dagegen die feinen Fruchtsäuren neutralisiert und es fehlt dem Kaffee an Volumen. Zudem bilden sich bei hartem Wasser schnell schädliche Kalkablagerungen in der Maschine. Um dem

vorzubeugen, können spezielle **Wasserfilter** eingesetzt werden. Damit lassen sich sowohl unerwünschte Mineralien entfernen als auch Chlor, das dem Wasser zugesetzt worden sein könnte. Ziel der Wasserfiltration ist die Verhinderung der Kalkbildung, die Entfernung unerwünschter Geruchsstoffe sowie störender Partikel. Haushaltsfilter arbeiten mit einer Filterkartusche, bei der auch Aktivkohle eingesetzt wird. Dabei wird hartes Wasser manuell vorgefiltert.

Bei einem Umkehrosmosefilter wird das Wasser durch eine halbdurchlässige Membran gedrückt, die so fein ist, dass sie nur noch Wassermoleküle durchlässt. Damit werden aber auch Mineralien ausgefiltert, die sich auf den Kaffeegeschmack positiv auswirken können.

Bei hartem Wasser kommen Ionentauscher zum Einsatz. Sie enthalten ein Kunststoffharz, das Kalzium- und Magnesium-Ionen bindet und Natrium-Ionen abgibt. In der Gastronomie werden große Kartuschen zwischen der Wasserleitung und der Maschine angeschlossen. Dabei muss je nach Ausgangshärte durch ein Bypass-Ventil etwas normales Leitungswasser zugeführt werden, um den Härtegrad wieder auf den Durchschnittswert von 7–8°dH zu erhöhen. Für die Maschinen zu Hause gibt es kleinere Kartuschen, die auf den Schlauch aufgesteckt werden können. Wie auch die Haushaltsfilter sollten sie alle vier Wochen gewechselt werden, da sonst Verkeimung droht. Trotz des Einsatzes von Filtern muss jedoch regelmäßig entkalkt werden, da Kalk notgedrungen mit vielen Teilen der Maschine in Kontakt kommt und mit der Zeit die Leistungsfähigkeit des Geräts untergräbt.

Ob auch Mineralwasser für die Kaffeezubereitung verwendet werden kann, wird heftig diskutiert. Für die einen ist kalkarmes stilles Mineralwasser erlaubt, andere meinen, dass die enthaltenen Mineralien die feinen Säuren des Kaffees stören oder neutralisieren. Hier lässt sich keine allgemeingültige Regel aufstellen, da die Zusammensetzung der Mineralwassersorten sehr unterschiedlich ist. Die meisten sind hart bis sehr hart, einige wiederum zu weich. Wo hochwertiges Leitungswasser vorhanden ist, das unter Umständen durch ein Filtersystem noch weiter verbessert werden kann, sollte ein Umstieg auf Mineralwasser aber gar nicht notwendig sein.

Das Tampen

Beobachtet man einen Barista bei der Herstellung eines Espresso, wird man von der Flüssigkeit der Bewegungen angetan sein. Jede Handbewegung muss sitzen. Das gilt auch und besonders für das Tampen. Damit bezeichnet man das Pressen des gemahlenen Kaffees in einem Siebträger, bevor dieser in die Brühgruppe eingehängt wird. Das ist ein sehr wichtiger Schritt, denn davon hängt ab, ob es zu einer guten Extraktion kommt. Ziel ist es, den gemahlenen Kaffee gerade und gleich hoch im Sieb zu komprimieren, damit das Wasser einen Widerstand hat und sich gleichmäßig durch den Kaffee durch bewegen kann.
An manchen Kaffeemühlen, etwa einem Dosiermahlwerk, ist eine Art Stampfnase angebracht, mit der Kaffee gepresst werden kann. Das Ergebnis wird wenig zufriedenstellend sein, denn man muss von unten pressen, kann also nur so wenig Druck ausüben, wie die Mühle wiegt und presst daher den Kaffee sehr leicht schief. Das beste Ergebnis erzielt man mit dem Pressen von oben und mit einem Tamper. Das ist ein kleiner Stößel mit glatter metallischer Fläche, der vorzugsweise den Durchmesser des jeweiligen Siebes haben sollte.

Gerade und mit dem richtigen Druck

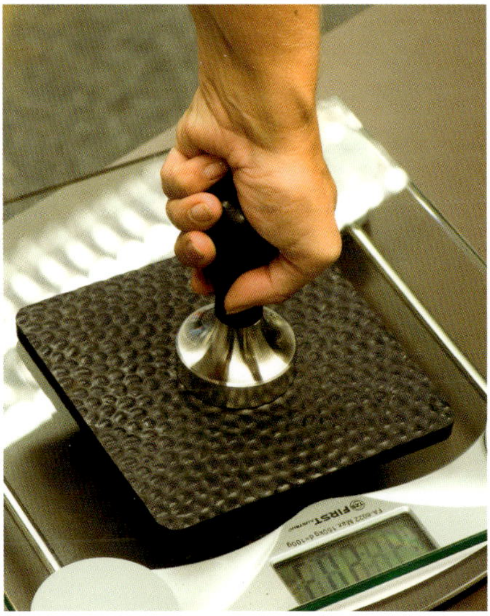

Das richtige Tampen muss geübt werden. Um das Druckgewicht einschätzen zu können, empfiehlt es sich zuerst einmal auf einer Waage zu trainieren. Der Druck sollte zwischen 15 und 30 Kilo betragen.
Der Tamper ist unbedingt gerade auf das Mahlgut anzusetzen. Die richtige Hand- und Armstellung lässt sich mit einem Schraubenzieher gut erlernen. Setzt man ihn schräg an, wird man kaum erfolgreich eine Schraube gerade und kraftvoll eindrehen können. Um Druck aufzubauen, stellt man automatisch den Unterarm gerade, hält das Handgelenk steif und drückt senkrecht nach unten.

Richtig tampen lernen mit der Schraubenziehermethode: Ist der Arm gerade, wird auch die Schraube gerade hineingedreht.
Um den Unterarm gerade halten zu können, dreht man den Körper leicht seitlich. Die Hüfte weist zum Schraubenzieher.

Ungünstig: Streckt man den Arm seitlich vor, überträgt sich der Druck schräg auf die Schraube. Deshalb muss man vor dem Tampen den Arm leicht seitlich drehen, damit der Unterarm neben dem Körper eine natürliche gerade Stellung einnehmen kann.

Nicht effektiv: Mit so einem Griff kann man nicht die nötige Kraft aufbringen – nicht einmal zum Hineindrehen einer Schraube.

So wird richtig getampt: Der Unterarm bildet die gerade Verlängerung des Tampers und drückt senkrecht in den Kaffee.

Schlechte Technik: Wird das Handgelenk abgewinkelt, überträgt sich das auf den Tamper und man drückt schief auf die Kaffeeoberfläche.

Nicht ergonomisch: Man sollte den Tamper nicht seitlich umgreifen.
Der Daumenballen sollte auf dem Griff aufliegen, damit man mit der Verlängerung der Elle presst. Knickt man das Handgelenk ab, können Schmerzen und bei Profis mit oft mehr als 50 getampten Kaffees am Tag Handgelenksprobleme bis hin zu Abnützungserscheinungen in den Handwurzelknochen die Folge sein.

Der korrekte Ablauf:
Den Siebträger mit so viel Kaffee füllen, dass dieser ein schönes Häufchen über den Rand macht. Ein- oder zweimal (aber immer gleich oft) auf den Tisch klopfen, um den Kaffee nach unten zu verrutschen. Das erleichtert das „Leveln". Den Kaffee mit geradem Finger gleichmäßig, lückenlos verteilen.

Nun wird der Siebträger waagrecht auf eine Tampermatte gelegt. Tamper aufsetzen und die gerade Position im Siebträger kontrollieren.
Leicht seitlich drehen, Unterarm neben der Hüfte in einer Linie über dem Tamper positionieren, das Handgelenk gerade und unter Spannung halten und das Kaffeemehl mit einem Druck von 15 bis 30 Kilo (abhängig von Kaffeesorte und Mahlgrad) festpressen. Beim Nachlassen des Drucks mit einer Drehbewegung polieren.

Wenn Kaffeemehl an den Seiten des Siebs hängen geblieben ist, muss man es nicht unbedingt abklopfen, und wenn, dann schon gar nicht mit dem Tamper. Lieber dranlassen, denn die Dusche ist ohnehin nach jedem Kaffee erneut angekleckert. Aber wenn man unbedingt klopfen möchte, dann nur auf den Tisch – nie mit einem Gegenstand von der Seite, das löst den gepressten Kaffee vom Rand.

Die abgefallenen Kaffeereste ohne starken Druck nochmals auf dem Kaffeekuchen mit einer Drehbewegung polieren.

Das korrekte Ergebnis ist eine glatte, waagrechte Kaffeefläche, denn das Wasser muss das Mehl gleichmäßig durchdringen können.

Vor dem Einhängen wird der Rand des Siebträgers mit dem Finger vom Kaffeemehl gesäubert. Kaffeereste am Rand können die Dichtung am Brühkopf ankratzen und auf Dauer beschädigen, was zu Wasseraustritt außerhalb des Siebträgers führen kann.

Kaffeereste abklopfen: nicht mit dem Tamper!

Unerfahrene Baristi schlagen zum Abklopfen von Kaffeeresten am Rand des Siebes oft energisch mit dem Boden des Tampers gegen den Siebträger. Abgesehen davon, dass der Tamperboden dadurch zerkratzt und beschädigt wird, kann sich durch diese Technik auch der komprimierte Kaffeekuchen von der Wand des Siebes lösen oder es entsteht sogar ein Riss. Wasser wird hier zuerst durchlaufen und der Kaffee wird unterextrahiert. Nur Profis haben die Routine, durch zartes Klopfen mit dem Griff von unten nach oben die Reste vom Rand zu lösen, ohne dabei den Kaffeekuchen zu beschädigen.
Einfacher und effektiver ist es, den Siebträger mit Gefühl gerade auf der Arbeitsplatte abzuklopfen.
Bei häufig wechselndem Personal in der Gastronomie kann es auch eine gute Alternative sein, das Klopfen ganz wegzulassen und dafür lieber den Gruppenkopf öfters rückzuspülen.

Verschiedene Tamperböden

Ist der Kaffee korrekt getampt, sind alle gemahlenen Teilchen gut verdichtet. Da diese Teilchen am äußeren Rand an einer vertikalen Metallwand anstehen, lassen sie aufgrund ihrer Form Zwischenräume. Das Wasser kann also am Siebrand immer zügiger durchlaufen als in der Mitte.
Ein **konvexer Tamper** lässt außen mehr Kaffee zu, verdichtet diesen sogar noch durch den Winkel gegen die Wände. Im Unterschied zu einem **bodenlosen Siebträger** sieht man bei einem **flachen Tamper**, dass der Espresso immer zuerst außen als „Ring", bei einem konvexen jedoch ziemlich mittig und schnell aus allen Sieblöchern gleichzeitig aus dem Sieb tritt.
Bei einem Siebträger mit 58 mm Durchmesser empfiehlt es sich, auf **VST-Siebe** umzusteigen. Durch die geraden Wände und die gelaserte gleichmäßige Lochung hat das Wasser keinen Rückstau mehr, wie es bei gebogenen Siebwänden und gestanzten Löchern der Fall ist. Der Kaffee schmeckt somit runder, voller und man bekommt mehr Süße – so der Kaffee richtig geröstet wurde.

Hat man fest genug getampt und war der Mahlgrad in Ordnung, löst sich der feste Kaffeekuchen sauber aus dem Siebträger.

Schlecht getampter Kaffee führt zu Rissen im Kaffeekuchen. Das Wasser findet durch die so entstandenen Kanäle den Weg des geringsten Widerstands. Eine perfekte, gleichmäßige Extraktion ist nicht mehr möglich. Man nennt das „Channelling".

Das richtige Werkzeug: der Tamper

Je schmaler und länger der Griff, desto besser kann man ihn mit der Hand umschließen und dabei das Handgelenk in einer geraden Position halten. Je kleiner und runder, desto mehr Probleme haben Baristi, vor allem Männer mit großen Händen. Zudem kann ein kugelförmiger Griff zu einer Handstellung wie beim Orangenpressen verleiten, die wiederum zu einem abgewinkelten Handgelenk und bei häufigem Tampen zu Schmerzen führen kann.

Tamper sind mit geradem, soft-konvexem und konvexem Boden erhältlich. Der Grund für diese verschiedenen Bodenformen liegt in der glatten Metallwand des Siebes. Auch gut komprimierter Kaffee steht am glatten Rand des Siebes unregelmäßig an, wodurch das Wasser hier einen leichteren Weg durchfinden kann. Ein konvexer Tamper erzeugt dagegen einen zur Wand hin leicht nach oben gewölbten Kaffeekuchen, der zum Rand hin stärker verdichtet und es dem Wasser dort deutlich schwieriger macht, schneller durchzurinnen.

Auch Tamper unterliegen einem Wandel. Das neueste Modell ist etwa ein **dynamometrischer Tamper**, auch Klick-Tamper genannt. Er besteht aus einem Alukörper mit Innenfeder, die ein zu festes oder zu leichtes Andrücken verhindern soll. Leider ist der zu überwindende Widerstand anfangs groß und das Einrasten laut, weshalb dieser Tamper für den laufenden Profi-Betrieb nicht so geeignet ist. Dafür ist er ein perfektes Trainingsgerät, um den konstanten Druck ins Gefühl zu bekommen.

Besonders einfach geht das Tampen mit einem dynamometrischen Standtamper. Er sieht aus wie eine Orangenpresse und ist auch ähnlich zu bedienen. Man hält den Siebträger auf einer fix montierten Gabel in Position und zieht einen Hebel, der mittels einer Übersetzung einen stets gleichen Druck auf den Kaffee ausübt. Kleine Nachteile gibt es allerdings – auch hier muss man darauf achten, den Siebträger gerade zu halten, sonst wird der Kaffee schief getampt. Und nach mehrmaligem Tampen bleiben Kaffeereste hängen, die den Tamper verschmutzen und manchmal sogar beim nächsten gepressten Kuchen mehr Kaffee mit herausreißen können.

Trotz dieser technischen Hilfsmittel schwören passionierte Baristi auf Handarbeit – schon allein, weil man dadurch flexibel bleibt. Zeitweise können zwei bis drei fehlende Sekunden bei der Extraktion mit etwas mehr Druck beim Tampen eher kompensiert werden als durch Verstellung des Mahlgrads, beispielsweise wenn sich der Kaffee durch das Wetter oder Klima verändert hat.

Zubehör

Siebträger mit Doppelauslauf kann man auf der **Tampermatte** auflegen. Gibt es nur einen Auslauf, hängt man den Siebträger am besten in eine **Tamperbasis** ein.

Tamperbasis

Die Tampermatte schützt nicht nur den Tisch vor Abdrücken, sondern auch das Handgelenk des Barista. Deshalb sollte eine möglichst dicke Matte verwendet werden. Bei dünnen Modellen kommt es nach einiger Zeit zu Schmerzen im Handgelenk.

Auf keinen Fall an der Tischkante tampen, auch wenn man das noch oft bei Profis sieht! In der Eile rutschen auch Baristi von der Kante ab. Die dabei entstandenen Verletzungen können von angeschlagenem Ellbogen bis Bandscheibenvorfällen und sogar bis zu einem gebrochenen Knöchel reichen!

Die Extraktion

Für einen idealen Espresso, der die Grundlage für nahezu alle Kaffeespezialitäten und -rezepte darstellt, gibt es genau definierte Parameter für die Zubereitung. Diese müssen aufeinander abgestimmt sein, um aus dem Kaffee das Beste – und nicht zu viel oder zu wenig Stoffe – herauszulösen. Wichtig ist Konsistenz und Kontrolle!

Zum einen ist eine **Extraktionszeit** von rund 20–30 Sekunden, je nach Kaffeesorte, anzupeilen. Das hat man bald im Griff, auch ohne mit der Stoppuhr nachzumessen. Denn bei einer optimalen Fließgeschwindigkeit wird der Espresso langsam und sämig und vor allem gleichmäßig in die Tasse laufen.

Zum anderen müssen Kaffeemaschine und Mahlwerk auf den jeweiligen Kaffee eingestellt sein. Der **Mahlgrad** und der **Anpressdruck** bestimmen unter anderem die Durchlaufzeit und somit auch den Geschmack des Kaffees.

Daneben sind noch **Wasserdruck** und **Temperatur** ausschlaggebend: Wenn die Maschine ein paar Grad zu heiß eingestellt ist, schmeckt der Kaffee bitterer und manchmal wie angebrannt. Ist sie etwas zu kühl, wird der Kaffee je nach Sorte leicht und manchmal auch säuerlich.

Ein typisches und sehr aussagekräftiges Merkmal für die Qualität eines Espresso ist die **Crema**. Sie schützt außerdem für eine Weile die Aromen. Je nach Mischung soll sie eine schöne mittelbraune Farbe haben und sich beim Verrühren wieder schließen. Sie sollte auch mindestens zwei, mitunter bis zu vier, Minuten anhalten und zwischen zwei und vier Millimeter dick sein.

Komponenten für den perfekten Espresso

Kaffeemenge

Mahlgrad

Kompression des Kaffees (Anpressdruck)

Form des Kaffeekuchens

Wasserqualität

Wassertemperatur

Wasserdruck

Befeuchten des Kaffeekuchens

Extraktionszeit (Kontaktzeit Wasser–Kaffee)

Sauberkeit der Maschine

Die Crema testen

Tasse leicht schräg halten oder schwenken. Die Oberfläche der Crema sollte dabei geschlossen bleiben und sich sämig verhalten. Man kann auch mit dem Stiel eines Löffels eine kleine Linie ziehen: Die Crema sollte sich schnell wieder schließen.

Perfekte Extraktion:
Der Strahl läuft gerade, ruhig und sämig (cremig) aus dem Ausguss.

Perfekte Extraktion

26 *Sekunden Extraktion – der Espresso läuft cremig ins Glas, bis dieses voll ist, erst dann beginnt der „Guinness-Effekt“, bei dem sich die schaumige Masse langsam von unten verflüssigt.*

Checkliste für den perfekten Espresso:

- 25–30 ml Wasser
- Temperatur 88–93 Grad
- rund 9 bar Pumpendruck (mögliche Bandbreite: 8–10 bar)
- mindestens 10 Gramm Kaffee im Einzelsieb, 16 Gramm im Doppelsieb (8 Gramm für Einzelsieb nur bei La Marzocco Einser-Sieb möglich; mit eigenem Tamper)
- Durchlaufzeit optimal rund 25 Sekunden (je nach Kaffeesorte)
- Anpressdruck mit dem Tamper 15–30 kg

Unterextraktion:
Der Strahl läuft wellig, wässrig und zu schnell.

Unterextraktion

2 Sekunden

5 Sekunden

7 Sekunden

9 Sekunden

12 Sekunden

12 *Sekunden Extraktion – das Wasser schießt regelrecht durch den Kaffeekuchen ins Glas. Schon nach 12 Sekunden ist die Extraktion vorbei, ohne viel Geschmack und Aroma zu hinterlassen.*

Bei einer Unterextraktion kommt es zu keinem befriedigenden Ergebnis: Der Kaffee ist nicht ausreichend ausgelaugt. Die Crema ist hell und dünn, der Geschmack des Kaffees flach.

Mögliche Gründe:

- zu geringe Wassertemperatur
- zu geringer Wasserdruck (unter 9 bar)
- zu kurze Kontaktzeit:
  - weil zu wenig Kaffeemehl
  - und/oder zu grob gemahlen
  - und/oder zu locker getampt

Ergebnis:

Die Crema ist zu hell und verschwindet rasch. Der Körper ist eher wässrig, die Aromen sind kurz, nicht voll entwickelt, kurzer Abgang.

Überextraktion:
Das Wasser läuft langsam, der Strahl kann mitunter sogar abreißen.

Überextraktion

6 Sekunden

12 Sekunden

18 Sekunden

24 Sekunden

30 Sekunden

38 Sekunden

38 *Sekunden Extraktion – anfangs rinnt der Espresso sehr zögerlich, der Strahl bleibt dünn, es gibt keinen schönen „Guinness-Effekt". Wenn die 30 ml endlich im Glas sind, ist der Espresso bereits überextrahiert.*

Bei einer Überextraktion wird der Kaffee zu stark ausgelaugt. Unerwünschte Stoffe, wie Bitterstoffe oder Gerbsäure, werden aus dem Kaffee gelöst.

Mögliche Gründe:

- zu hohe Temperatur
- zu hoher Pumpendruck
- zu lange Kontaktzeit:
  - weil zu viel Kaffeemehl
  - und/oder zu fein gemahlen
  - und/oder zu fest getampt

Ergebnis:

Die Crema ist dunkelbraun, ungleichmäßig mit helleren Stellen vermischt („Ausweißen") und zeigt Luftblasen. Der Kaffee schmeckt bitter und leicht angebrannt.

Was ist eigentlich „Crema"?

Wenn Wasser unter Druck durch den gemahlenen Kaffee gepresst wird, wobei die Öle emulgiert und gelöst werden, sättigt es sich mit Kohlendioxid, das im gemahlenen Kaffee enthalten ist. Das Ergebnis sind kleine feine Bläschen. Die Crema besteht also aus Ölen, Proteinen und Kohlendioxid.

Ein Molekül namens Melanoidin überzieht die Luftbläschen und macht sie kräftiger und elastischer. Wer es genauer wissen will: Melanoidin rührt von der Maillard-Reaktion her, die entsteht, wenn die Bohnen geröstet werden und sich braun färben. Nicht zu verwechseln mit dem Karamellisieren des Zuckers, das gleichzeitig geschieht.

Für kurze Zeit schützt die Crema die Aromen des Espresso. Doch bald schon verändert sich die Lösung. Die Öle kommen an die Oberfläche und bedrängen die Bläschen, die dem Druck des Kohlendioxids nachgeben und zerplatzen. Die Crema verschwindet. Obwohl sie für den Erhalt der Aromen so wichtig ist, muss man objektiv zugeben, dass sie selbst eher bitter schmeckt. Schöpft man die Crema vor dem Trinken ab, ergibt das reineren Espresso, jedoch mit etwas weniger Körper.

Durch die Crema können des Weiteren Rückschlüsse auf die Frische der Röstung getroffen werden, allerdings nur im Vergleich zu ähnlichen Mischungen. Je älter ein Kaffee ist, desto weniger Crema entsteht, da sich hier das Kohlendioxid verflüchtigt hat und damit viele der aromagebenden Stoffe verloren gegangen sind.

Robusta-Sorten erzeugen mehr Crema als die meisten Arabica-Sorten, weshalb Robusta-Bohnen oft unter die Kaffeeblends gemischt werden. Doch auch unter den Arabica-Sorten gibt es verschiedene Arten von Crema. Das hängt davon ab, wie viel Kohlendioxid die Molekülstruktur der Bohnen aufnehmen kann und welche Öle sie enthalten.

Die drei Stadien des Espresso – und darüber hinaus

30 ml Espresso gedrittelt zeigen, dass am Anfang das meiste der löslichen Stoffe, gegen Ende immer weniger herauskommt. Wer das helle Wässerchen nicht mag, trinkt nur die ersten zwei Drittel – das ist dann ein Ristretto.

Danach kommt nichts Gutes mehr heraus: kaum Geschmack, aber dafür Bitterstoffe. Deshalb verdünnt man einen Verlängerten mit extra heißem Wasser und lässt ihn nicht einfach nur „länger durchlaufen".

Tipps für den perfekten Espresso

1 Läuft der Kaffee **zu schnell**, muss eventuell das Mahlwerk feiner gestellt werden. Unter Umständen ist auch die Kaffeemenge zu gering. Wenn er trotzdem bitter schmeckt, war er zu fein gemahlen. Lieber mehr und etwas gröber gemahlenen Kaffee verwenden. Schmeckt er zu leicht, kann man feiner mahlen und länger extrahieren. Achtung: Ein Portionsmahlwerk, das nach Zeit mahlt, verarbeitet bei feinerem Mahlgrad in der gleichen Zeit weniger Kaffee. Um die gleiche Menge an gemahlenem Kaffee bei einer feineren Einstellung zu erzielen, muss auch die Laufzeit des Mahlwerks angepasst, somit also verlängert werden.

2 Läuft der Kaffee **zu langsam**, ist der erste Tipp, das Mahlwerk gröber einzustellen. Es können aber auch zu viel Kaffee oder zu starker Anpressdruck die Ursache sein. Das ist in der Gastronomie eher selten, doch bei übereifrigen Home-Baristi doch möglich – daher nicht gleich am Mahlwerk drehen, sondern alle Parameter kontrollieren!

3 Passt die Durchlaufzeit, doch schmeckt das Ergebnis trotzdem **leicht und sauer** oder hat man das Gefühl, da wären noch weitere Finessen hervorzulocken, kann man davon ausgehen, dass Menge und Mahlgrad richtig sind. Hier kommt dann die Temperatur ins Spiel. Mit einer höheren Temperatur ist eine Qualitätssteigerung möglich. Deshalb lohnt der Versuch, die Temperatur um 2 Grad höher zu stellen (0,1–0,2 bar mehr über den Pressostat oder am Display).

4 Läuft der Kaffee gut, schmeckt jedoch **bitter** und bekommt einen dunklen verbrannten Rand, ist wahrscheinlich die Temperatur zu hoch.

5 Auch der **Pumpendruck** ist ausschlaggebend für die Qualität des Espresso, in fast allen Fällen sind jedoch rund 9 bar die beste Lösung. Bei einem Kaffee, der Temperaturschwankungen unterworfen war und durch die Lagerung an Frische verloren hat, wodurch sich die Fettsäuren verändern, kann durch eine kleine Steigerung des Wasserdrucks jedoch noch etwas mehr herausgeholt werden.

6 Eine **Verringerung des Pumpendrucks** ist sinnvoll, wenn die Kaffeemaschine ständig überhitzt ist, weil sie nicht dauernd benutzt wird, und das darin verbliebene Restwasser die nächste Extraktion durch zu hohe Temperatur überextrahiert. Dann stellt man die Maschine auf 8 bar, um die Extraktion mit weniger Druck gegen zu hohe Temperatur auszugleichen. Das ist auch in der Gastronomie notwendig. Dort sollte zwar das Wasser vor einem Brühvorgang abgelassen werden, doch wenn das nicht möglich ist (etwa wegen einer Schankanlagensperre), ist es besser, die Maschine auf 8 bar einzustellen.

7 Ein spielerischer Umgang bei der Zubereitung eines Espresso ist sicherlich das Beste für ein gutes Ergebnis, denn für einen guten Espresso sind viele Parameter verantwortlich und deshalb sind **Interesse und Neugierde** nötig. Und schließlich auch das Wissen, wann man woran dreht und warum man was verstellt.

Korrekter Ablauf

Bevor der mit Kaffeemehl befüllte und getampte Siebträger in die Brühgruppe eingespannt wird, sollte diese gespült (geflusht) werden. Darunter versteht man das Ablassen von heißem Wasser für rund zwei Sekunden, um das Brühkopfsieb (Duschsieb) von eventuell vorhandenen Resten des zuletzt zubereiteten Kaffees zu reinigen. Das Spülen ist auch notwendig, um zu heiß gewordenes Wasser aus der Brühgruppe abzulassen.
Danach spannt man den Siebträger ein und beginnt sofort mit der Extraktion, damit das Kaffeemehl nicht zu lange der Hitze ausgesetzt ist und verbrennt. Gleich wenn die Pumpe den Druck aufbaut, stellt man die angewärmten Tassen unter die Ausläufe.

Zunächst die Gruppe spülen …

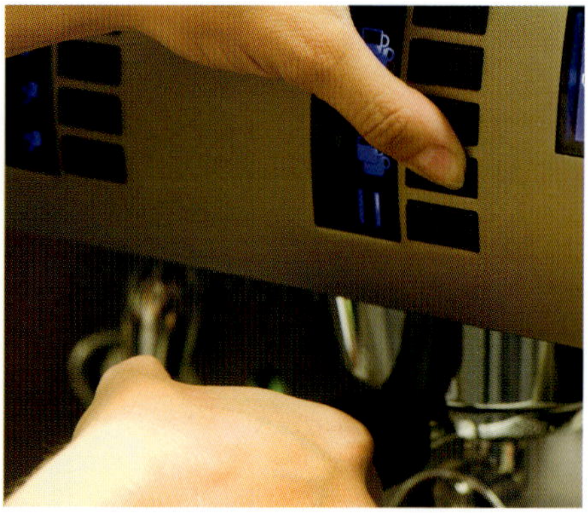

… dann den Siebträger einhängen und gleich einschalten.

Zügig nach den Tassen greifen. Die Griffe auf Vier-Uhr- und Zehn-Uhr-Position erleichtern den schnellen Zugriff.

Tassen unter den Siebträger stellen.

Preinfusion – wozu?

„Preinfusion“ bedeutet, eine kleine Menge Wasser auf das Kaffeemehl zu lassen. Dieses wird befeuchtet, kann aufquellen, je nachdem wie lange man die Preinfusion einstellt – und extrahiert schon mal sanft vor.
Früher machte man dies, weil mit Hebelmaschinen gearbeitet wurde. Beim Herunterziehen des Hebels wurde der Piston gehoben und ein Ventil geöffnet, um eine bestimmte Menge Wasser in die Gruppe und auf den Kaffee zu lassen. Beim Auslassen wurde der Piston durch die expandierende Feder wieder heruntergedrückt und damit das Wasser durch den Kaffee gepresst. Der Druck fing sogar mit rund 10 bar an, fiel dann aber gegen Ende ab. Da am Anfang die meisten Inhaltsstoffe aus dem Kaffee herauszuholen sind, ist das die passendste Extraktion: Die Preinfusion kann also, abhängig vom Kaffee, auf schonende Weise noch mehr Aromen herausholen.

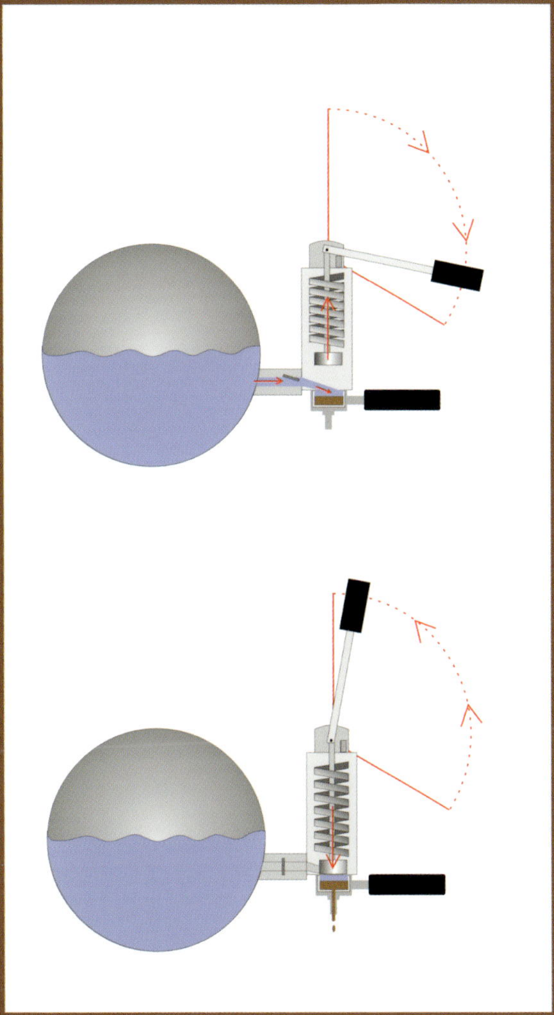

Schnitt durch eine Hebelmaschine

Naked Portafilter oder der bodenlose Siebträger

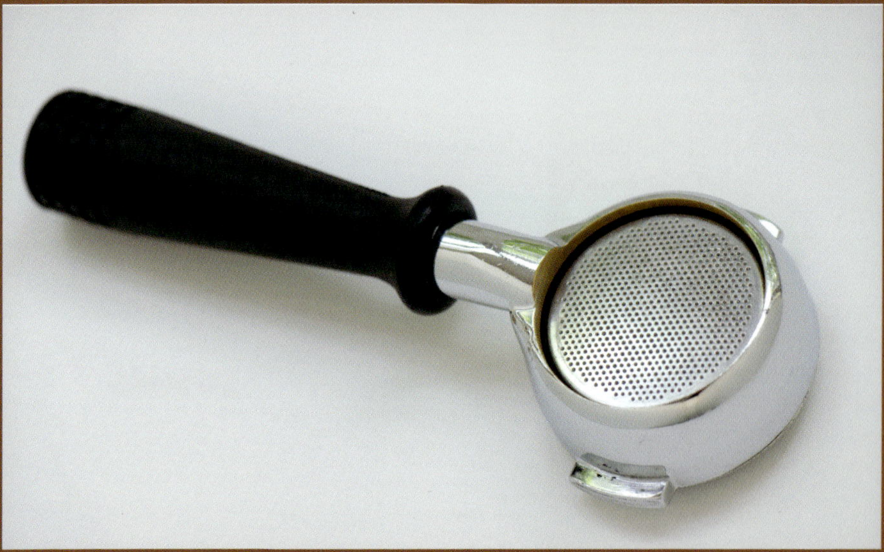

Unter den Baristi hat sich der bodenlose Siebträger eingebürgert. Er stellt eine große Herausforderung dar, da er Fehler bei der Zubereitung deutlich zeigt, ist jedoch gleichzeitig ein gutes Trainingsgerät, da hier gleich am Austritt am Sieb zu erkennen ist, ob richtig extrahiert wurde. Gerade für Schulungszwecke ist er äußerst brauchbar, da die Schüler sich dadurch gut selbst kontrollieren können. Außerdem ist auch ein gewisser Spaß dabei, denn es kommt durchaus zu spektakulären Bildern.

Ist der Siebträger etwa ungleichmäßig befüllt oder wurde das Kaffeemehl nicht richtig gepresst, bahnt sich das Wasser zuerst durch einige wenige Kanäle seinen Weg. Das nennt sich „*Channelling*". In weiterer Folge kommen mehr Kanäle hinzu, doch die Extraktion erfolgt unkontrolliert und stoßweise. Der Kaffee ist unterextrahiert. Ist der Mahlgrad zu grob, läuft das Wasser zu schnell durch und der Espressostrahl zeigt sich zu hell.

Bei optimalem Mahlgrad und richtigem Tampen tritt das Wasser kreisförmig aus und hat die charakteristische haselnussbraune Farbe. Der Strahl wird in der Mitte des Siebes am kräftigsten sein, der Durchfluss erfolgt kontinuierlich.
Neben dem Lerneffekt hat der bodenlose Siebträger auch einen ganz pragmatischen Nutzen: Dadurch lassen sich bessere Single oder Double Espressi erzeugen, weil es zu mehr Crema kommt und nicht zum Verlust am sonst vorhandenen Siebträgerboden. Außerdem schmutzen sie weniger.

Eine schöne Extraktion am Naked Portafilter

Am Anfang werden die meisten Inhaltsstoffe aus dem Kaffee extrahiert, daher die dunkle Farbe, die allmählich heller wird.

Unterextraktion

Das Wasser rauscht zu schnell durch das Kaffeemehl und spritzt ab und zu ziemlich weit von der Maschine weg. Wären überall bodenlose Siebträger in Verwendung, wäre so eine Extraktion häufig in der Gastronomie zu beobachten – doch auch bei Verwendung eines geschlossenen Siebträgers ist das Ergebnis deutlich am Geschmack zu erkennen.

Überextraktion

Es ist deutlich zu erkennen, dass der Espresso nicht aus allen Poren des Filters fließt. Hier wurde der Espresso zu fein gemahlen und zu fest gepresst. Das Wasser muss sich erst Wege durch den Kaffee suchen – das dauert etwas. Auch kurz vor Ende des Shots wird noch nicht das gesamte Kaffeemehl gleichmäßig ausgelaugt.

Schief getampt

Das Wasser kommt zuerst an der rechten Seite durch, wo der Kaffee niedriger gepresst wurde. Auf der hohen Seite des Kaffeekuchens, links, braucht das Wasser mehr Zeit zum Durchfließen. Das Ergebnis ist eine Mischung aus unterextrahiertem (rechte Seite) und überextrahiertem Kaffee (linke Seite). Die Gesamtzeit des Wasserdurchlaufs mag zwar stimmen, doch die Inhaltsstoffe wurden ungleichmäßig ausgeschwemmt – wie an der Farbe deutlich zu erkennen ist.

Milch aufschäumen

Milch ist unentbehrlich für viele Kaffeegetränke, man denke nur an Cappuccino, Melange, Latte Macchiato, Caffè Latte und andere Spezialitäten. Durch den hohen Anteil an Milch in vielen Rezepten ist es deshalb notwendig, auf deren Qualität zu achten. Denn ein guter Espresso kann durch die Kombination mit Milch gewinnen – bei minderwertiger Milchqualität allerdings auch sehr verlieren.
Milch ist nicht gleich Milch. Denken wir an Frischmilch, H-Milch, Obers / Sahne, Sojamilch oder Schafmilch. Selbst die Jahreszeit kann einen Einfluss auf die Milch haben! Jede Milchsorte hat einen eigenen Charakter, und im Idealfall harmoniert sie mit dem entsprechenden Espresso, reinsortig oder als Blend. Man sollte deshalb nicht nur den Kaffee, sondern auch die Milch verkosten und deren Aromen, Geschmack und Viskosität bewerten.
Das Aufschäumen der Milch hat nicht nur kosmetische Auswirkungen, sondern verändert die physikalische Struktur der Milch und damit ihren Geschmack. Bei einer Temperatur von 60–65 Grad schmeckt die Milch noch süß und frisch, bei über 70 Grad soll sie nicht mehr geschäumt werden. Verantwortlich dafür, dass Milch sich schäumen lässt, ist das in ihr enthaltene Protein – nicht etwa der Fettgehalt. Da Eiweiß in fast jeder Milchsorte gleichermaßen enthalten ist, kann ein guter Barista auch jede Milchsorte aufschäumen. Ob man nun H-Milch verwendet oder frische Biomilch, ist für das Schäumen nebensächlich.
Einer der hartnäckigsten Mythen besagt, dass H-Milch besser schäumt und dass Frischmilch einen cremigeren Schaum ergibt. Auf Fettgehalt oder Haltbarkeit kommt es beim Schäumen jedoch nicht an – es ist allein eine Frage des Geschmacks.
Die Milch muss zum jeweiligen Kaffee passen und sie muss auf alle Fälle kalt sein, am besten aus dem Kühlschrank: Zimmertemperatur ist nicht gut fürs Schäumen. Dadurch wird die Aufwärmzeit verkürzt und damit die Möglichkeit, feinporigen Schaum zu erzeugen.

Schäumen üben

Mit der richtigen Technik lässt sich jede Milchsorte aufschäumen. Da die ersten Schäumversuche jedoch vielleicht nicht das gewünschte Ergebnis bringen und einmal geschäumte Milch nicht mehr neu aufgeschäumt werden kann, kann man zuerst mit folgender einfacher Methode üben: Man füllt die Kanne zu einem Drittel mit Wasser und gibt einen Esslöffel Milch dazu. Selbst mit dieser extrem verdünnten Lösung lässt sich Schaum erzeugen, denn Milch besteht selbst zum Großteil aus Wasser. Von der Konsistenz wird er nicht schlechter sein als „richtiger" Milchschaum, vielleicht etwas großporiger. Schmecken wird er zwar nach nichts, das richtige Schäumen lernt man damit aber allemal!

Kleine Theorie des Milchschäumens

Beim Schäumen wird Luft in die Milch gezogen. Dadurch entsteht Schaum, ein Gemisch aus Flüssigkeit und Luft in Form kleiner Bläschen, das je nach Dauer des Verschlagens feiner wird.

Pitcher

Profis unterscheiden zwei Arten von Milchschaum:
Einen festen, dichten und feinporigen Schaum für Latte Macchiato oder Cappuccino und einen flüssigeren, cremeartigen und feinporigen Schaum für Caffé Latte oder Melange. Auch für Latte Art (siehe Seite 151) ist der flüssigere Schaum wichtig, denn fester Schaum setzt sich an der Kaffeeoberfläche ab und dringt nicht in den Kaffee ein. Cremeartiger Schaum hingegen rinnt zuerst zum Boden von Tasse oder Glas und steigt dann wieder hoch, sodass man auf seiner Oberfläche zeichnen kann. Danach setzt sich noch etwas Milch aus dem Milchschaum ab und der verbleibende Schaum an der Oberfläche wird „trockener".

Durch das Schäumen ändert sich das Volumen der Milch:
Es steigt bis zu 100 Prozent. Ein größeres Volumen ist möglich, aber nicht sinnvoll, da dadurch „leerer" oder zu luftiger Schaum entsteht, der für die Aromen keine Bedeutung mehr hat.

Der Vorgang des Schäumens setzt sich aus einer Zieh- und einer Rollphase zusammen. In der **Ziehphase** wird Luft unter die Milch gezogen und feinstporig verschlagen. Man kann den Ablauf mit dem Schlagen von Eiweiß vergleichen. Die Ziehphase beginnt bei 5–8 Grad (Kühlschranktemperatur) und sollte – für viel steifen Schaum – bei 30 bis maximal 40 Grad (mehr als Handwärme) beendet sein, damit man den Rest der Zeit bis 65–70 Grad Milchtemperatur für die **Rollphase** nützen kann. In dieser wird keine Luft mehr eingesaugt, sondern die Schaumbläschen durch eine Drehbewegung fein zerstäubt oder zerkleinert.

Bei Milchschaum für Latte Art wird nur sehr kurz Luft eingezogen, je nach Milchmenge 1–2 Sekunden, den Rest der Zeit wird gerollt. Wichtig ist also die richtige Menge eingesaugter Luft. Wenn diese erreicht ist, wechselt man zum Rollen und beendet diesen Vorgang bei der gewünschten Endtemperatur. Die genaue Zeitdauer bis zum Erreichen von 65–70 Grad hängt in jedem Fall von der Milchmenge ab.

Man schäumt die Milch am besten in einer Kanne aus Edelstahl, auch Pitcher genannt. Eine Edelstahlkanne bietet einige Vorteile: Sie ist leicht zu reinigen und die Temperatur lässt sich von außen gut überwachen. Die Größe der Kanne hängt von der Anzahl der Kaffeebestellungen ab, jedoch empfiehlt sich, lieber zweimal je ein 0,6-Liter-Kännchen zu schäumen als eine Literkanne auf einmal: Das würde der Espressomaschine, so sie ein Wärmetauschgerät ist, zu viel Temperatur wegnehmen.

Die Kanne wird zur Hälfte mit Milch gefüllt, damit noch genug Platz für den Schaum bleibt. Weniger Milch erhitzt sich schneller; nimmt man zu viel Milch, wird die Kanne zu klein für den entstehenden Schaum und die Milch kann zudem herausschwappen. Die Espressomaschine sollte genügend Dampfkraft für die Milchmenge besitzen. Für mehr Portionen sollte man öfters frisch schäumen, auf keinen Fall eine größere Menge vorschäumen und dann stehen lassen.

Mischen von abgesetzter Milch

Wenn man die Milchkanne mit dem Milchschaum stehen lässt, setzt sich die Milch schon nach wenigen Sekunden vom Schaum ab und man hat wie beim Latte Macchiato unten die flüssige Milch und oben den nun trockeneren Schaum. Der Latte Macchiato ist aber das einzige Rezept, bei dem dieser Effekt erwünscht ist (deshalb serviert man ihn ja auch in einem Glas, um die Schichten zu sehen, nachdem zuletzt auch noch ein Espresso in die Mitte gegossen wurde).

Ist das Kännchen schon einige Zeit gestanden und will man dann Milchschaum gießen, hilft ein kräftiges Rotieren der Milch im Kännchen, um die Flüssigkeit wieder in den Schaum einzuarbeiten. Noch besser klappt es, wenn man zwischendurch eine steife Schüttelbewegung macht. Dadurch schwappt die Milch etwas die Wand hoch und mischt sich noch besser unter den Schaum. Der Effekt ist einem Unterrühren mit einem Löffel gleichzusetzen – aber die Benutzung von Löffeln für den Milchschaum wird in Baristakreisen nicht gerne gesehen.

Richtig schäumen mit dem Dampfstab

1 Zuerst wird das Dampfventil geöffnet und kondensiertes Wasser abgelassen, am besten in die Tropftasse. Dann schließt man das Ventil wieder.

2 Nun wird das Dampfventil im Milchkännchen positioniert, und zwar ein bis zwei Zentimeter unter der Oberfläche der Milch, damit zu Beginn keine Milch herausspritzen kann. Gerade von der Maschine nach unten, Kännchenwand parallel zum Dampfstab, mit einer leichten Neigung zum Körper, um eine schnellere Drehung zu erreichen. Letzteres hängt jedoch vom Austrittswinkel an den Dampfdüsen ab.

3 Das Dampfventil wird geöffnet. Durch sachtes **Ziehen** des Milchkännchens nach unten bewegt man die Spitze des Ventils nun knapp unter die Oberfläche, damit ein kleiner Sog entsteht. Ein saugendes Geräusch ist zu hören, Luft wird in die Milch gezogen. Gleichzeitig soll die Milch in der Kanne schnell rotieren, um die eingesaugte Luft feinstporig zu verschlagen. Die Kanne wird während des Schäumens unter keinen Umständen geschwenkt oder auf- und abbewegt, sondern soll möglichst ruhig gehalten werden!
Je länger die Ziehphase dauert, desto mehr Luft wird eingesaugt und umso mehr Schaum wird erzeugt. Man zieht so lange, bis man das gewünschte Volumen erreicht hat, auf jeden Fall aber nur so lange, bis die Milch handwarm ist, denn die letzten Sekunden bis zum Erreichen der Maximaltemperatur von 65 bis 70 Grad werden für die nun folgende Rollphase benötigt.

Die Höhe des Dampfstabes steuert, ob Luft eingesaugt wird oder nicht. Die Position des Dampfstabes und der Winkel des Kännchens regulieren die Rotation der Milch und ihre Geschwindigkeit.

Ziehphase:
Die Milch rotiert in der Kanne. Der kleine Sog links vom Dampfstab zieht Luft mit hinunter.

Rollphase:
Es wird keine Luft mehr eingezogen, nun wird an gleicher Position rotiert.

In Kaffeehäusern wird die Milchkanne beim Schäumen oft rasch auf- und abbewegt, was sehr grobporigen Schaum (links) ergibt. Lässt man die Kanne dann eine Weile stehen, wird der Schaum zwar komprimierter, kühlt aber aus und setzt sich von der Milch ab. Er kann dann nicht mehr gegossen, sondern muss auf den Kaffee gelöffelt werden – statt eines cremigen Cappuccino ergibt das einen Milchkaffee mit schwimmender Schauminsel. Richtig geschäumte Milch (rechts) ist cremig und schmeckt süß.

4 Ist die Milch handwarm, beginnt die **Rollphase**. Dafür wird die Spitze des Dampfstabs etwas tiefer in die Milch eingetaucht – etwa einen Zentimeter. Die Rotation der Milch soll erhalten bleiben, aber es wird keine Luft mehr eingesaugt. Es dürfen keine großen Blasen mehr entstehen, da wir keine Zeit mehr hätten, sie einzuarbeiten, bevor die Milch zu heiß ist.

5 Hat die Milch die gewünschte Temperatur erreicht, schließt man das Dampfventil und zieht anschließend die Kanne nach unten heraus. Nun schwenkt man das Milchkännchen ganz leicht in einer Drehbewegung und setzt den Boden kurz und fest auf dem Tisch auf. Der Schaum wird dadurch etwas kompakter; durch die Drehbewegung bleibt der Schaum cremig und die Milch setzt sich nicht sofort nach unten ab.

6 Reinigen nicht vergessen!

Nach dem Schäumen: richtig reinigen

Nach jedem Aufschäumen muss der Dampfstab sofort gereinigt werden.
Bei jedem Schließen des Dampfhahns wird durch Unterdruck etwas Milch in die Düse gesaugt. Deshalb bläst man etwas Dampf nach dem Schäumen auf die Tropftasse. Wenn das vergessen wird, legen sich Milchrückstände im Inneren des Dampfhahns an. Weiters wischt man den Dampfstab außen mit einem Tuch ab, um auch hier einen Milchbelag zu verhindern – warme Milch ist ein Bakterienherd.

Mit etwas Routine ist dieses einfache Reinigungsprogramm auch in einem Coffeeshop bei Hochbetrieb durchführbar. Eine Hand hält das Kännchen, die andere dreht den Dampfhahn zu. Beim Entfernen des Kännchens von der Maschine greift die zweite Hand schon zum Tuch und wischt den Dampfhahn außen ab, während mit der anderen Hand das Kännchen auf den Tisch geklopft wird. Ein Barista gewöhnt sich daran, die Kanne kurz zu schwenken, um die Konsistenz der Milch zu kontrollieren und ein Absetzen des Schaums zu verhindern – währenddessen bläst er den Dampfstab auf der Tropftasse aus.

Womit man Milch noch aufschäumen kann

Um Milchschaum herzustellen, kann man die Milch per Hand mit einem Schneebesen aufschlagen. Mit dieser schweißtreibenden Me-thode spart man zwar das Fitnessstudio, aber der Schaum wird kaum die nötige feste Konsistenz erreichen. Besser geht es mit einem kleinen **elektrischen Schneebesen**. Diese Geräte sind batteriebetrieben und erzeugen durchaus akzeptablen Schaum. In beiden Fällen bleibt der Schaum aber nur dann stehen, wenn die Milch vorher erhitzt wurde: Das stockende Protein stützt die Luftbläschen und bildet ein Gerüst. Kalt geschäumte Milch fällt dagegen innerhalb von Sekunden wieder in sich zusammen.

Mit einem elektrischen Schneebesen kalt geschäumte Milch bleibt nicht lange schaumig: Die Blasen fallen in kürzester Zeit in sich zusammen.

Auf dem Markt erhältlich sind auch separate **Milchaufschäumer**, die wie kleinere Wasserkocher aussehen. Man gießt die Milch bis zur entsprechenden Markierung ein, setzt den Deckel auf und schaltet ein. Je nach Menge wird in etwa drei Minuten die Milch durch den Spiralbesen im Inneren aufgeschlagen und gleichzeitig auf rund 60 Grad erhitzt. Bis zu einem Liter lässt sich damit auf einmal zubereiten. Während des Schlagens kann der Schaum auch aromatisiert werden.

Der elektrische Milchschäumer erhitzt die Milch und schäumt sie gleichzeitig mit einem Spiralbesen auf.

Bei Vollautomaten wird entweder ein sogenannter Pannarello verwendet oder ein Cappuccinatore. Der **Pannarello** ist ein Kunststoffaufsatz für die Dampfdüsen. Dadurch wird das Aufschäumen erleichtert, denn anders als bei der Edelstahldüse muss die Kanne nicht in eine bestimmte Position gebracht werden, weil der Pannarello durch eine kleine Öffnung automatisch Luft einsaugt. Milchschaum für Latte Art ist damit aber schwierig zu produzieren, da man die Luftmenge nicht steuern kann, wodurch der Schaum immer gleich dick wird.

Für Milchschäumen mit dem **Cappuccinatore** wird kein eigenes Gefäß benötigt. Dabei wird durch eine kleine rotierende Walze Unterdruck erzeugt und Milch angesaugt. Diese wird dann durch eine Düse mit Dampf gemischt und erhitzt. Die Luftzufuhr muss separat geregelt werden. Das Ergebnis ist ein lockerer Schaum, der nicht so stabil und selten so feinporig ist wie beim Aufschäumen am Dampfstab, da hier die Rollphase entfällt. Die Reinigung ist etwas umständlicher als die eines Dampfstabs aus Edelstahl. Die Cappuccinatore-Methode ist bei den meisten Baristi nicht sehr beliebt, da man bis jetzt kaum gleichwertigen Schaum erzeugen kann – die Geräte werden jedoch ständig verbessert.

Im professionellen Bereich werden oft Kaffeeautomaten mit **Turbo-Steam** eingesetzt. Dabei lässt sich schon am Display genau einstellen, wie viel Luft ab welcher Temperatur eingesaugt wird und bis zu welcher Temperatur die Milch erhitzt werden darf. Auch diese Teile kann man durch verschieden große Luftansaugdüsen und verschieden geformte Endstücke modifizieren. Damit lässt sich sehr guter Schaum erzeugen, besonders in größeren Mengen ab 0,6 Liter aufwärts. Für Lokale, die oft 20 Cappuccini auf einmal machen müssen, eignet sich diese Methode besonders, denn das Gerät erzeugt auch unter Stress und Zeitdruck immer perfekten Schaum.

Die Chemie muss stimmen: woraus Milch besteht

Neben Wasser besteht Milch aus festen Nährstoffen, die fein verteilt sind: der Laktose oder dem Milchzucker, dem Milchfett oder den Lipiden, Proteinen – den in der Milch enthaltenen Eiweißen –, Vitaminen und Mineralstoffen.

Laktose ist für die natürliche Süße der Milch verantwortlich. Auf einen Liter kommen rund 47 Gramm. Manche Menschen können jedoch Laktose nicht verdauen, da ihnen ein Enzym, nämlich die Laktase, fehlt. Deshalb gibt es laktosefreie Produkte. Bei deren Herstellung wird herkömmlicher Kuhmilch das Enzym Laktase zugeführt. Dieses spaltet die Laktose in die beiden Einfachzucker Glukose und Galaktose. Der Restlaktosegehalt sinkt unter 0,1 Prozent. Als Nebeneffekt dieses Verfahrens bekommt laktosefreie Milch einen leicht süßlichen Geschmack, selbst ohne Schäumen. Laktose kann flüchtige Substanzen wie Aromen gut aufnehmen, deshalb kommen Aromen eines Espressos mit laktosehältiger Milch intensiver zur Geltung als bei laktosefreien Produkten. Die Süße laktosehältiger Milch wird erst durch die Prozesse beim Aufschäumen spürbar. Auch die Konsistenz des Schaums beeinflusst unsere Wahrnehmung der Süße.

Die **Lipide** oder Fette in der Milch sind Geschmacksträger, und je fetter die Milch ist, desto besser werden die Geschmacks-nuancen eines Espressos transportiert. Die Lipide reagieren auf Sauerstoff und oxidieren. Entscheidend für das Schäumen sind die **Proteine** oder Eiweiße in der Milch. Dazu gehören Kaseine, die bis 140 Grad hitzestabil sind, und Molkeproteine, die nur eine Temperatur von bis zu 70 Grad verkraften, dann denaturieren sie. Aus diesem Grund darf die Milch beim Aufschäumen nie diese Temperatur erreichen oder gar übersteigen. Ideal zum Aufschäumen ist eine Temperatur zwischen 65 und 70 Grad – bei 65 Grad schmeckt die Milch allerdings noch frischer.

Geschäumte Milch sollte man umgehend verbrauchen, denn mehrfaches Schäumen fördert die Denaturierung der Proteine und die Milch verliert ihre viskosen Eigenschaften. Sie kann sogar ausflocken und Klumpen bilden. Nicht zuletzt ist es aus hygienischen Gründen nicht ratsam, warme Milch offen stehen zu lassen, denn sie ist ein potenzieller Bakterienherd.

Die Temperatur überwachen

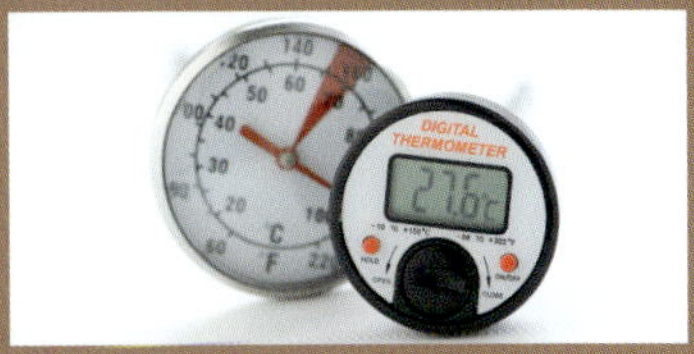

Um beim Aufschäumen die Temperatur zu überwachen, ist ein Thermometer für den Anfang sinnvoll, doch es gibt einen einfachen Trick, der genauso effektiv ist: Man hält die Kanne in der einen Hand mit dem Griff in der richtigen Stellung und hält die andere Handfläche an die Seite der Kanne. Wird es unangenehm heiß – eine Sekunde bevor es zu schmerzen beginnt – ist der Temperaturgrenzwert erreicht. Egal ob schon genügend Schaum vorhanden ist oder nicht: Aufhören, es wird nicht mehr besser! (Natürlich muss das individuelle Gefühl für die Temperatur berücksichtigt werden – Berufsköche etwa haben eine weit höhere Toleranzgrenze, was Hitze betrifft.)

Latte Art

„Latte Art" steht für das Zeichnen mit Milch auf der Kaffeeoberfläche – denn nicht nur der Geschmack des Caffè Latte soll hervorragend sein, sondern auch das Aussehen. Latte Art liegt im Trend: Bei internationalen Barista Championships werden die Erfinder neuer Kreationen prämiert und sogar im Internet kann jeder die Gestaltung neue Figuren auf Video bestaunen und später versuchen sie selbst umzusetzen. Das Zeichnen auf Kaffee sieht spektakulär aus, doch wenn man einige wenige Punkte beachtet, lassen sich mit ein wenig Übung viele Figuren einfach erstellen.

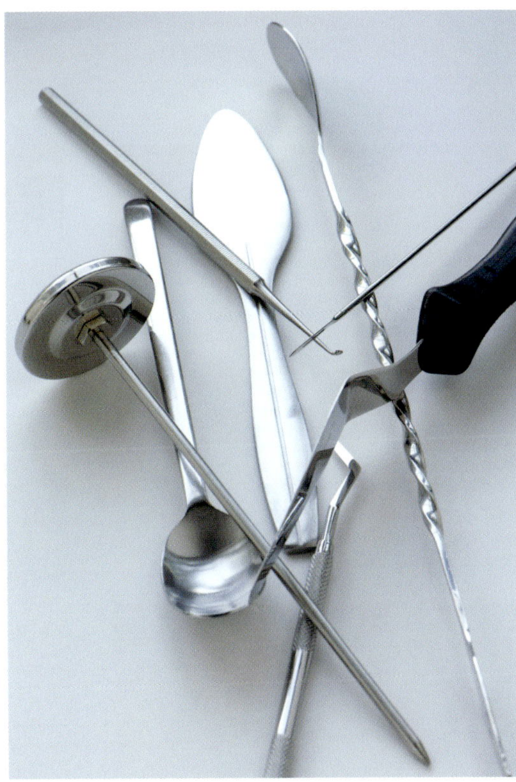

An Hilfsmitteln ist ein **Milchkännchen** unverzichtbar. Ob darüber hinaus noch Spatel, Lanzen oder diverse Applikatoren etwa für Schokoladensaucen zum Zug kommen, ist eine Frage des Engagements. Latte Art-Profis verwenden die unterschiedlichsten **Werkzeuge** von Schaschlikspießen über Stricknadeln, Spachteln und Töpferzubehör bis hin zum Zahnarztbesteck.

Grundvoraussetzung für alle Figuren ist die **geschäumte Milch**. Während für Cappuccino der Schaum fest und voluminös sein soll, wird für Latte Art eher flüssiger, cremiger und geschmeidiger Milchschaum benötigt. Das muss unbedingt auch beim Schäumen (siehe Seite 141) beachtet werden: Wichtiger als das Einarbeiten von möglichst viel Luft ist eine feinporige Struktur, deshalb soll auf eine kurze Zieh- eine ausführliche Rollphase folgen. Nach dem Schäumen wird die geschäumte Milch im Milchkännchen kurz gedreht und geschwenkt, damit Milch und Schaum sich bis zur Verwendung nicht voneinander absetzen.

An Gefäßen eignen sich am besten Kaffeetassen mit rundem Boden. Wahre Meister kreieren Latte Art jedoch in allen Gefäßen, in die ein Espresso mit etwas Milch hineinpasst.

Latte Art richtig gießen

Zum Eingießen setzt man das Kännchen auf dem Rand der Tasse ab (optional) und kippt die Kanne. Der Schwerpunkt des Kännchens soll dabei unten bleiben. Der erste Strahl sollte etwas vor der Mitte auf die Oberfläche auftreffen. Man gießt in einem beständigen Strahl, ohne Hast und ohne zu verwackeln – ähnlich wie bei der Zubereitung einer Hollandaise. Die Milch fließt im Kaffee zuerst nach unten und strömt dann zurück an die Oberfläche.

Achtung: Latte Art ist nicht Cappuccino Art! Cappuccinos brauchen viel Schaum, ergo viel Luft. Dieser dickere Schaum kann keine dünnen filigranen Rosetten gießen – das muss er auch nicht. Latte Art passt also nur auf Caffé Latte oder Melange. Ein Cappuccino soll in einer Tasse, die 150–170 ml fasst, 1/3 Schaum aufweisen, das sind 1,5–3cm!!! Das ist mit dünner cremiger Milch nicht möglich. Somit würde das Originalrezept verfälscht werden!

Gießt man zu langsam, läuft die flüssige Milch unter dem Schaum in der Kanne durch und in der Tasse unter die Crema, die Fläche bleibt braun.

Zu rasches Gießen vermischt den Espresso zu stark mit der Milch. Ergebnis: ein einfacher hellbrauner Milchkaffee.

Profi-Trick:

Um zwei „Lattes“ auf einmal zuzubereiten, ist es sinnvoll, den Schaum vor dem Einschenken aufzuteilen. Man schäumt in einem größeren Kännchen genug Milch für zwei Kaffees, füllt ein Drittel in ein kleines vorgewärmtes Kännchen (einfach oben bei den Tassen mitwärmen!) und gießt dann mit der ersten Kanne den ersten Caffè Latte. Den verbleibenden recht flüssigen Schaum mischt man mit dem vorher beiseite genommenen sehr festen Schaum. Durch Schwenken und Drehen kombiniert man diese beiden Schaummassen und gießt zügig den zweiten Caffè Latte. So erhält man in etwa die gleiche Konsistenz wie beim ersten Kaffee. Milch für mehr als zwei „Lattes“ auf einmal zu schäumen, ist nicht empfehlenswert, denn dann setzt sich der Schaum während des Gießens von der Milch ab.

Beginnt die Milch langsam wieder an die Oberfläche zu steigen, kann man entweder den weißen Fleck zu einem Kreis wachsen lassen oder durch kleine Impulse Streifen hinzufügen. Gießt man mit einem gleichmäßigen Strahl in den Kaffee, setzt sich die Oberfläche der Flüssigkeit und damit auch die Milchcreme in Bewegung: Wie bei einem Wasserstrahl, der auf eine Wasserfläche auftritt, bewegen sich Wellen kreisförmig vom Eintrittspunkt weg. Etwas Übung ist nötig, um den richtigen Zeitpunkt für die Impulsbewegungen abzuschätzen.

Latte Art-Muster wie die „Rosette" entstehen nicht durch Zeichnen mit dem Milchstrahl, sondern durch Impulsbewegungen des Strahls und die Oberflächenströmung der Kaffeefläche.

Eine der Grundfiguren der Latte Art ist das ***Herz****. Dazu gießt man die Milch zuerst in die obere Hälfte der Tasse ein. Der Milchschaum nimmt die Form eines Kreises an. Um die beiden Hälften und die Spitze des Herzens zu erstellen, zieht man den Milchstrahl kurz bevor die Tasse voll ist in die andere Tassenhälfte durch und durchbricht damit den Kreis.*

Das Herz ist die Grundlage für weitere Formen, etwa die ***Tulpe****. Sie besteht eigentlich aus zwei oder mehr Herzen in verschiedenen Größen. Man gießt den ersten Kreis, stoppt, gießt etwas weiter oberhalb den zweiten Kreis und nach Wunsch auch weitere Kreise und zieht am Schluss den Strahl durch alle Kreise hindurch.*

Auch das ***Blatt*** *bzw. die* ***Rosette*** *gehört zu den Grundfiguren der Latte Art. Man fängt wie beim Herz an, beginnt jedoch sobald die Milch an die Oberfläche kommt mit kleinen Impuls- oder Wackelbewegungen nach links und rechts. Dadurch bildet sich ein Serpentinen- oder Zickzackmuster. Dann zieht man den Schaum mit der Kanne noch einmal längs durch das Muster, um die Blattachse zu gestalten.*

Ein gutes Verständnis der Strömungsbewegungen der Flüssigkeit ist für eine **Apfel**form nötig: Man setzt den Strahl am Rand der Tasse an, gießt einen Zentimeter voran ins Innere, stoppt die Bewegung und gießt zügig weiter. Der zum Grund fließende Milchschaum zieht den anfangs entstehenden Fleck mit dem Sog fast ganz nach unten, nur ein schmales Fähnchen – der Stengel – bleibt an der Oberfläche. Dann folgt wie gewohnt der weiße Fleck, den man zum Kreis wachsen lässt.

Latte Art für Fortgeschrittene: Aus den Grundfiguren lassen sich aufwendige, kombinierte Muster kreieren.

Etching

Etching nennt man die mit Werkzeugen gezeichneten Varianten von Latte Art, meist kombiniert mit Schokoladensauce. Dabei kann man seiner Fantasie freien Lauf lassen: Aus geraden Linien oder Kreisen lassen sich zahllose Muster gestalten. Schon mit einfachen Hilfsmitteln wie einer Stricknadel oder einem Schaschlikspieß lassen sich kleine Kunstwerke kreieren – für Ambitionierte gibt es eigene Etching-Sets mit einem Milchschaumhaken, einem Milchschaumknopf für Pünktchen, einer Spatel, einem Schaumdorn, einer Schaumlanze und einem speziellen Milchschaumlöffel.

Profitipps für perfektes Etching

- *Sparsam mit der Schokoladensauce umgehen – sie dient der Verzierung und soll nicht den Latte zur Trinkschokolade umfunktionieren!*
- *Je dicker die Sauce ist und je weniger Zucker sie enthält, desto besser. Der Zucker zerstört nämlich den Schaum schneller. Daher kochen einige Baristi aus 100%-Kakaopulver und etwas Wasser eine eigene Schokoladensauce, die zwar nicht so haltbar, aber zum Zeichnen am besten geeignet ist.*
- *Ist der Schaum nicht fein – also cremig – genug, kann man nicht darauf zeichnen, da er rasch zusammenbricht. Der feste, dichte Cappuccinoschaum ist also nicht geeignet, um auf ihm mit Sauce Muster zu kreieren – hier nur mit 100% Kakaopulver ohne Zucker dekorieren!*

Das einfachste Etching-Muster ist ein Blümchen wie dieses: Einen Schokoladenkreis ziehen, mit einem spießartigen Werkzeug achtmal von außen in die Mitte ziehen und den Spieß dazwischen immer wieder abwischen. Das Innere des Blümchens wurde mit einem Klecks der braunen Crema vom Rand getupft.

Der Zweig über dem Blümchen besteht aus kleinen Schokoladenkreisen, die einmal mit einer durchgehenden Linie von rechts nach links durchzogen wurden. Aber Achtung: Ist der Schaum etwas zu grob oder schon etwas trocken, beginnen die Luftbläschen zu platzen und die Linien fransen aus.

Man kann auch ohne Sauce mustern, indem man die Grenze von weißer Milchcreme zu braunem Kaffee nutzt.
Für dieses Muster wurden den Rand entlang einfache Spiralen um die Tasse gezeichnet.

Für dieses fortgeschrittene Muster benötigt man Milchschaum, Schokoladensauce und Kakaopulver. Zunächst die Milch langsam eingießen, um wenig Weiß zu bekommen, seitlich Kakao daraufstreuen.

Die im Kännchen verbliebene feine Creme als breiten Balken in der Mitte auflegen.

Mit der Schokoladensauce an den Rändern und in der Mitte des Balkens feine Linien ziehen.

Mit einem Spieß ohne abzusetzen Schlingen durch den gesamten Balken zeichnen.

Eine zarte Blütenform gestaltet man einfach aus drei konzentrischen Kreisen. Den weißen Cremekreis mit Sauce umranden, innen noch zwei weitere Kreise legen. Mit dem Spieß achtmal von innen nach außen ziehen.

Zwischen den Linien vom Tassenrand in die Mitte ziehen. Spieß dabei gut eintauchen!

Tipp: Den Spieß nie über die Mitte ziehen, sondern immer in der Mitte senkrecht hoch herausziehen und nach jedem Zug gut abwischen.

Für das von der gleichnamigen Torte bekannte „Esterházymuster" beliebig viele parallele Schokoladenlinien über die Tasse ziehen, dann abwechselnd von oben nach unten und von unten nach oben Striche durchziehen. Dazwischen absetzen und den Spieß reinigen.

Der Barista

Der Begriff „Barista“ kommt aus dem Italienischen und ist eine Zusammensetzung von Bartender und Expertista, also der Experte in der Bar. Obwohl in italienischen Bars eine Espressomaschine zur Standardausstattung gehört, war der Begriff ursprünglich nicht ausschließlich mit Kaffee verbunden. Erst durch die Übernahme ins Englische und später ins Deutsche ergab sich eine Bedeutungsverschiebung. Heute bezeichnet das Wort eine Art Kaffeekünstler. Der oder die Barista weiß bestens über Kaffeesorten, Kaffeeröstung, die Bedienung und Wartung der Espressomaschinen, das Aufschäumen von Milch und vieles andere mehr Bescheid.

Ein guter Barista muss anhand des Geschmacks des Kaffees beurteilen können, ob er in Ordnung ist, gegebenenfalls Fehlerquellen erkennen und die Maschine selbstständig einstellen können. Außerdem ist er für die Frische des Kaffees und die Sauberkeit der Geräte zuständig.
Nicht zu vergessen ist auch der Kundenservice: Der Barista sollte wie ein guter Barkeeper den Gästen jedes Rezept erklären und ihnen Tipps für zu Hause mitgeben können, egal für welches Gerät.

Johanna Wechselberger bei der „Coffee in Good Spirits Championship“

Checkliste vor dem Start

- *Maschine einschalten und aufheizen*
- *Wasserstand überprüfen*
- *Kesseldruck kontrollieren*
- *Pumpendruck prüfen*
- *Sauberkeit des Equipments sicherstellen*
- *Mise en Place (Bereitstellung der Arbeitsutensilien)*
- *Mahlgrad und Temperatur kontrollieren (Testkaffee zubereiten)*
- *gegebenenfalls Einstellungen ändern*

Wettbewerbe

Andrea Lattuada (Italien) als Richter bei der „European Barista Team Challenge“

Um die Gastronomie und die Endkunden auf die Kunst des Kaffeemachens aufmerksam zu machen, werden seit einigen Jahren von der WCE auch Staats- und Weltmeisterschaften in verschiedenen Disziplinen abgehalten. Diese Meisterschaften werden auch unter Baristi immer populärer und ähneln einer international besuchten Kaffeemesse.

Die Wettbewerbe finden vor einer Kommission statt, die aus sensorischen, visuellen und technischen Richtern sowie einem „Headjudge“ (Leiter) und einem „Timekeeper“ (Zeitnehmer) besteht.

Naturgemäß dreht sich bei den Meisterschaften alles ums Kaffeemachen. Dabei können die Hintergrundmusik und das Mahlwerk vom Teilnehmer selbst mitgebracht werden, nur die Espressomaschine ist vorgegeben. Sponsoren zahlen mittlerweile hohe Summen, um ihre Geräte bei Weltmeisterschaften auf der Bühne zu sehen.

Die WCE (World Coffee Events) organisiert jährliche Weltmeisterschaften „World of Coffee“ und Wettbewerbe wie Barista Championship, Latte Art Championship, Coffee in Good Spirits, Brewers Cup Championship, Roasters Cup Championship, Cesve/Ibrik Championship und Cup Taster Championship.

Die Kaffee-Meisterschaften

Bei der ***„Barista Championship“*** müssen vier Espressi, vier Cappuccini und vier Eigenkreationen ohne Alkohol produziert werden, die dann von den Richtern verkostet werden. Jedem Kandidaten stehen dafür 15 Minuten Vorbereitungszeit, 15 Minuten Show und 15 Minuten zum Wegräumen zur Verfügung. Neben der Arbeit spricht der Barista mit den Richtern und zeigt somit, dass er seine Kaffees gut beschreiben und sich neben der Kaffeezubereitung mit seinen Gästen ruhig und professionell unterhalten kann. Details zur Benotung findet man in den Regeln und den Bewertungsbögen der Richter, die auf den Websites der SCAE oder der World Barista Championship (siehe Seite 195) zum Download angeboten werden.

Bei der ***„Latte Art Championship“*** müssen in acht Minuten zwei Espressi Macchiati gegossen sowie zwei Caffè Latte und zwei Eigenkreationen hergestellt werden. Hilfsmittel dürfen nur bei den Eigenkreationen zum Einsatz kommen.
Zwei Irish Coffee und zwei Eigenkreationen mit Alkohol werden beim Wettbewerb ***„Coffee in Good Spirits“*** gefordert. Insgesamt haben die Baristi dafür acht Minuten Zeit. Die Vorgaben für den Irish Coffee sind sehr streng, bei den Eigenkreationen kann man seine Kreativität voll ausleben.

Tasos Delichristos (Griechenland), „Coffee in Good Spirits“-*Weltmeister*

Acht Dreiersets von Schalen werden den Baristi bei der ***„Cup Taster Championship“*** vorgesetzt. In zwei der drei Schalen befindet sich jeweils eine Kaffeeart. Die Aufgabe der Baristi ist es, unter Zeitdruck jeweils die eine herauszufinden werden, die nicht dazupasst. Bei Punktegleichstand entscheidet die kürzere Zeit über den Sieg.

Ein Dreierset bei der „Cup Taster Championship“. *Zwei der drei Kaffees sind gleich, der dritte muss vom Teilnehmer erschmeckt bzw. errochen werden.*

Der bislang jüngste Bewerb ist die ***„Cezve/Ibrik Championship“*** für aufgekochten Kaffee: Dabei müssen zwei klassische Kaffees ohne Zusätze und zwei Kaffees mit Zucker und Geschmackszutaten (Gewürze, Kräuter) sowie zwei Eigenkreationen ohne Alkohol innerhalb von zehn Minuten produziert werden. Bei diesem Bewerb ist viel Show erwünscht! Der Barista darf mit einem Helfer antreten, der während der Zubereitung die Juroren unterhält – mit Erklärungen zum Kaffee, aber auch mit Showeinlagen, die vom Märchenerzählen bis hin zum Bauchtanz reichen können.

*Johanna Wechselberger, „*Cezve/Ibrik Championship*“ in Köln 2009*

Noch mehr Jobs für echte Kaffee-Freaks

Wenn man den Beruf eines Showkeepers mit dem eines Baristas vereint, ergibt das **„Coffee Flair"**. Während, vor und nach der Zubereitung wird zur Freude der Gäste mit allem jongliert, was nicht niet- und nagelfest ist.

Akrobatischer Balanceakt: Andy Collinson, „World Flair Association"

Wahre Baristi bringen viel Leidenschaft für ihren Beruf mit. Viele bilden sich ständig fort, besuchen Kaffeefarmen und machen sich irgendwann einmal **selbstständig**, zum Beispiel mit einem „*Speciality Coffeeshop*", als Mikroröster oder als Trainer und Berater.

Wenn aus Leidenschaft ein Beruf wird: Anette Moldvaer, „Cup Taster World Champion 2007", *gründete gemeinsam mit James Hoffman,* „World Barista Champion 2007", *die Rösterei* „Square Mile Coffee Roasters" *in London.*

Großer Andrang herrscht bei Gwylim Davis, „World Barista Champion 2009", *der einen mobilen Kaffeestand am Londoner Whitecross Market mit Kaffee der* „Square Mile"*-Rösterei betreibt.*

Kaffee Genuss

Kaffeegenuss international
Wiener Kaffeekultur

Kleiner Mokka / Kleiner Schwarzer / Espresso

- 25–35 ml Wasser
- 7–8 g Kaffee

Espresso-Tasse

Die Extraktionszeit soll 20–30 Sekunden betragen und der Espresso eine dichte, wieder schließende Crema aufweisen.

Entstanden ist der Mokka oder kleine Schwarze in einer Zeit, als große Dampfkesselgeräte für die Kaffeeproduktion verwendet wurden. Sie hatten keine Pumpe und entwickelten nur einen Druck von maximal 1,2 bar. Aus diesem Grund konnte damals noch kein Espresso nach heutigen Kriterien hergestellt werden, sondern lediglich ein längerer schwarzer starker Kaffee mit 40–50 ml. Würde man heute diese Menge aus Espressomaschinen extrahieren, wäre der Kaffee überextrahiert, weshalb man auch in Wien zur italienischen Variante, dem echten Espresso, übergegangen ist.

Das Originalrezept:
- 7 g Kaffee – mit etwas gröberem Mahlgrad, um ein Überextrahieren zu vermeiden
- 50 ml Wasser

Großer Mokka / Großer Schwarzer / Doppelter Espresso

- 50–70 ml Wasser
- 14–16 g Kaffee

Melange-/Cappuccino-Tasse

▸ siehe Kleiner Mocca

Obers oder Sahne?

„Obers" nennt man in Österreich ein Milchprodukt mit 32 bis 36 Prozent Fett – in Deutschland und der Schweiz als „Sahne" oder „Rahm" bekannt. „Schlagobers", „Schlagsahne" bzw. „Schlagrahm" bezeichnet die mit Luft aufgeschlagene Variante, die zum Beispiel als duftige Obershaube auf den Franziskaner gesetzt wird. „Halbfest geschlagenes Obers", etwa für Irish Coffee, wird nur dicker, aber nicht ganz steif aufgeschlagen. Nicht damit zu verwechseln ist das „Kaffeeobers", das zum Beispiel für den Großen Braunen notwendig ist. Dieses Produkt mit 15 bis 18 Prozent Fett wurde früher händisch aus Milch mit Obers / Sahne im Verhältnis 1:1 gemischt, wird heute aber industriell hergestellt.

Kleiner Brauner

- Espresso mit
- Kaffeeobers separat serviert

Espresso-Tasse

Großer Brauner

- Doppelter Espresso mit
- Kaffeeobers separat serviert

Melange-/Cppuccino-Tasse

Verlängerter schwarz

- Espresso mit
- heißem Wasser, das extra dazugestellt wird, um sich den Kaffee zu verdünnen

Melange-/Cappuccino-Tasse

Variation: Zuerst das Wasser in die Tasse geben und erst danach den Espresso darauf extrahieren, damit die Crema obenauf abschließt.

Verlängerter braun

- Espresso mit
- heißem Wasser, das extra dazuge stellt wird, und
- Milch, die separat serviert wird

Melange-/Cappuccino-Tasse

Variation: Zuerst das Wasser in die Tasse geben, erst danach den Espresso darauf extrahieren und zum Schluss etwas Milch obenauf gießen.

Melange

- Espresso mit
- cremig geschäumter Milch und
- etwas feinporigem Milchschaum

Melange-/Cappuccino-Tasse

Milchkaffee/(Caffè Latte)

- Espresso mit
- viel cremig geschäumter Milch

Jumbo-Tasse oder Latte-Glas

Kaffee verkehrt (= Latte Macchiato / gefleckter Caffè Latte)

- Viel geschäumte Milch mit
- Espresso

Latte-Glas

Zuerst die Milch ins Glas gießen, dann erst den Espresso zubereiten und ihn langsam eingießen. Im Glas sollen sich drei Schichten bilden, die sich nicht vermischen: unten heiße Milch, in der Mitte Espresso und oben der Milchschaum. Möglich ist dies, da sich die Milch in der Zeit des Espresso-Extrahierens aus dem Schaum absetzt und infolgedessen kühler wird. Durch den Temperaturunterschied zwischen Schaum, Milch und Espresso bleibt dieser in der Mitte stehen, was dem Latte Macchiato seinen Namen gab (*macchiato* = gefleckt).

Variation: Die Wiener Variante nennt man „Kaffee verkehrt", weil zuerst die Milch serviert wurde und der Gast den Kaffee selbst hineingoss.

Kapuziner

- Espresso mit
- ein paar Tropfen Kaffeeobers, sodass die braune Färbung der Kutte eines Kapuzinermönchs gleicht

Espresso-Tasse

Der Kapuziner ist eigentlich ein dunklerer kleiner Brauner. Die ganz helle Version wäre die sogenannte „Schale Gold“ mit sehr viel Obers. Es gab einmal einen Wiener Kellner, der mit einer Farbkarte arbeitete: Er ließ jeden Gast die Farbe des gewünschten Kaffees aussuchen. Damals wurden die Rezepte noch von eigenen Kaffeeköchinnen hergestellt. Heute bekommt man das Obers separat serviert.

Franziskaner

- Espresso mit
- etwas heißer Milch und
- einer Obershaube

Melange-/Cappuccino-Tasse

Einspänner

- Doppelter Espresso mit
- 3 cl Heißwasser,
- einer Obershaube und mit
- Staubzucker bestäubt

Glas mit Henkel (unbedingt mit heißem Wasser vorheizen)

Die Bezeichnung „Einspänner“ leitet sich von den Fiakern, den typischen Pferdekutschen in Wien, her. Diese Spezialität wurde immer in einem Henkelglas serviert, damit der Kutscher in einer Hand die Zügel halten konnte und in der anderen das Glas. Wenn ein Gast kam, wurde das Obers schnell unter den heißen Kaffee gerührt, der dadurch etwas abkühlte und schnell getrunken werden konnte.

Überstürzter Neumann

- Etwas Obers in eine Tasse geben und
- darauf einen doppelten Espresso „überstürzen".

Melange-/Cappuccino-Tasse

Obermeier

- Doppelter Espresso mit
- einem KL Zucker, ev. auch Staubzucker, und
- kaltem Obers, das über den Löffelrücken auf den Kaffee gegossen wird

Melange-/Cappuccino-Tasse

Der Obermeier wird heiß durch das das kalte Obers getrunken, weswegen kein Löffel zum Trinken benötigt wird.

Herbert Obermeier war ein Musiker bei den Wiener Philharmonikern, der während der Pausen oft einen schnellen Kaffee trinken wollte. Aus diesem Grund bereitete der Kellner den Kaffee auf genau diese Weise zu: Durch das kalte Obers konnte Obermeier den Kaffee rasch trinken und so rechtzeitig wieder bei der Aufführung sein.

Wiener Eiskaffee

- 2 Kugeln Vanilleeis mit
- kalter Milch und
- 1–2 Espressi,
- ev. mit einer Obershaube abschließen und mit einer Kaffeebohne oder Schokostreusel dekorieren.

Latte-Glas, Strohhalm, langer Löffel

Wiener Klassiker mit Alkohol

Kaisermelange

- 1 Eidotter mit
- 2 TL Honig und
- 2 cl Weinbrand verrühren,
- Espresso darüber gießen

Melange-/Cappuccino-Tasse

Variation: Falls die Kaisermelange zu stark ist, kann man etwas Milch dazugeben. Als Alternative zum Eidotter kann man auch Eierlikör verwenden

Fiaker

- 2 cl 38% Inländer-Rum mit
- einem doppelten Espresso,
- 3 cl heißem Wasser und
- einer Obershaube

Glas mit Henkel (unbedingt mit heißem Wasser vorheizen)

Der Fiaker ist ein Einspänner mit Rum.

Biedermeier-Kaffee

- 2 cl mit Dampf erwärmter Marillenlikör mit
- einem doppelten Espresso und
- einer Obershaube

Melange-/Cappuccino-Tasse

Maria Theresia

- 2 cl Orangenlikör und 1 cl Weinbrand in einer Tasse kurz mit Dampf anwärmen,
- Espresso darüber gießen,
- mit 2 cl extra Heißwasser verlängern und mit
- einer Obershaube krönen

Melange-/Cappuccino-Tasse

Variation: Noch besser schmeckt der Maria Theresia-Kaffee mit 3 cl Grand Marnier.

Deutschland

Kaffee/Café Crème

- 150–220 ml schwarzer, verlängerter Kaffee

Frühstückstasse

Pharisäer

Der Pharisäer wird wie ein *Fiaker* zubereitet, aber mit 2 cl Jamaica Rum anstelle des Inländer-Rums.

Schweiz

Café Crème

- 60–80 ml Wasser
- 7 g Kaffee

Melange-/Cappuccino-Tasse

Der Café Crème wird mit einer Mischung aus einer Filterkaffee- und Espressoröstung zubereitet. Dadurch hat er die Eigenschaft, bei schnellen Durchlaufzeiten und großer Wassermenge noch ein aromatisches und nicht übersäuertes Ergebnis zu bringen.

Luzerner Kafi

- 1 dl Espresso
- 2–3 Würfelzucker
- 2 cl Träsch (Obstbrand – Birne oder Apfel)

Zunächst den Kaffee auf die Zuckerwürfel und erst darauf den Träsch gießen.

Italien

Espresso ►siehe Kleiner Mocca

Ristretto

(= 2/3 von einem Espresso/verkürzter Espresso)

- 7 g Kaffee mit
- 2 cl Wasser extrahieren

Espresso-Tasse

Die Extraktionszeit soll 15–20 Sekunden betragen.

Doppio ►siehe Großer Mocca

Lungo

- Espresso mit
- maximal der doppelten Wassermenge, ähnlich einem Verlängerten

Trinkt man zum Frühstück oder am Vormittag.

Cappuccino

- Espresso mit
- cremig geschäumter Milch und
- viel Milchschaum,
- optional auch mit Kakaopulver

Melange-/Cappuccino-Tasse

Den Schaum direkt in den Espresso gießen, da sich die Milch von selbst im Espresso absetzt. Also gleich den Milchschaum genießen und ihn nicht erst zurückhalten und dann löffeln.

Variationen: Cappuccino mit weniger Milch *(Cappuccino scuro)*, Cappuccino mit mehr Milch *(Cappuccino chiaro)* oder Cappuccino auf Eis *(Cappuccino freddo)*

Latte Macchiato ▸ siehe Kaffee verkehrt

Coretto (= „der Korrigierte")

- 2 cl Grappa mit
- Espresso

Espresso-Tasse

Variation: *Espresso con Grappa*, wobei hier der Grappa separat serviert wird

Espresso con panna

- Espresso mit
- einer Obershaube

Espresso-Tasse

Affogato

- 1 Kugel Vanilleeis mit
- Espresso übergießen

Espresso-Tasse

Bicerin

- Heiße Schokolade mit
- Espresso übergießen, zuletzt etwas
- Obers darüber träufeln

Melange-/Cappuccino-Tasse

Shakerato

- Espresso mit
- Eiswürfeln im Cocktailmixer zerkleinern und mit
- Amaretto, Vanillearoma oder Grappa aromatisieren

Latte-Glas

Frankreich

Café au lait

- Filterkaffee mit
- viel Milch

Große Schale ohne Henkel (= Boule)

Café au lait wird nur zum Frühstück getrunken.

Café Crème

- Espresso mit
- heißer Milch

Melange-/Cappuccino-Tasse

Café Serré

- Espresso mit
- Wasser verlängert

Melange-/Cappuccino-Tasse

Café Noisette

- Espresso mit
- ungefähr 1 1/2 TL Obers

Espresso-Tasse

Es muss sich eine nussig-braune Oberfläche bilden.

Café brulot

- Weinbrand oder Cognac mit etwas verrührtem Zucker flambieren und mit
- Kaffee aufgießen

Melange-/Cappuccino-Tasse

Portugal

Bica

- Doppelter Espresso aus eher dunkel gerösteten Bohnen

Espresso-Tasse

Garoto

- doppelter Espresso mit
- Milch

Melange-/Cappuccino-Tasse

Variation: Milchkaffee in einer großen Tasse heißt *„Meia de leite"* – mit noch mehr Milch im Latte-Glas serviert nennt man in *„Galão"*.

Carioca

- Espresso mit
- Wasser verdünnt

Melange-/Cappuccino-Tasse

Variation: *Carioca* genießt man auch als Cocktail im Glas mit 2 zerstoßenen Eiswürfeln, 2 cl Rum, 3 cl Grand Manier, 1 cl Sanddornsirup, einem Schuss Zitronensaft, 1 BL (= Barlöffel) Kaffeepulver und 1 EL geschlagenem Obers.

Spanien

Café solo ▸ siehe Kleiner Mocca

Café cortado

- Espresso mit
- einem Schuss Milch(-schaum)

Shotglas

Café con leche

- Milchkaffee, meistens halb Kaffee, halb Milch(-schaum)

Latte-Glas

Carajillo

- Espresso mit
- Brandy, Anislikör oder Rum

Kleiner Tumbler (Whiskeyglas)

Variation: Den Alkohol anzünden und mit Espresso aufgießen.

Café Bombón

- Espresso mit
- gesüßter Kondensmilch, die separat serviert wird

Espresso-Tasse

Barraquito

- Gesüßte Kondensmilch mit
- heißem Espresso aufgießen,
- mit 2 cl Tia Maria oder Liquor 42 und
- etwas abgeriebener Zitronenschale verfeinern, mit
- geschäumter Milch auffüllen und
- etwas Zimt darüber streuen.

Latte-Glas

USA

Iced coffee

- Eiswürfel mit
- kaltem Wasser, so viel um die Eiswürfel zu bedecken, und
- doppeltem Espresso

Latte-Glas

Variation: kalter Filterkaffee über Eiswürfeln

Ice blended coffee

- Glas mit Eiswürfeln auffüllen,
- mit 100–150 ml Milch,
- 1–2 Espressi und
- 1–2 EL Frappé-Pulver in einem Ice Blender/Barmixer zerkleinern

Latte-Glas

Unbedingt mit Frappé-Pulver zubereiten, damit die Zutaten nach dem Mixen gebunden bleiben.

Variation: Üblich ist die Verwendung von Fertigpulver und Sirupsorten. Geschmackvoller wird der Kaffee mit einer Kugel Vanilleeis und 3–6 cl Schokoladensauce.

Mocha

- ▶ Caffè Latte mit Schokoladesauce

Latte-Glas

Caffè Breve

- ▶ Caffè Latte mit „*Half & half*"-Milch

Latte-Glas

„*Half & half*" nennt man in den USA extra fette Milch mit 10,5 bis 18% Fett.

Andere bekannte Rezepte

Türkischer Kaffee

- 2 TL pulverfein gemahlener Kaffee,
- kaltes Wasser und
- Zucker (nach Belieben)

Espresso-Tasse (türkische Tasse)

Den Kaffee im Wasser je nach Geschmack mit oder ohne Zucker verrühren. Danach dreimal im Cezve (einem kleinen Kupfer- oder Messingkännchen mit Stiel – in jedem türkischen Laden erhältlich) schaumig aufkochen. Jeweils wieder vom Feuer nehmen und wieder aufkochen lassen. Den fertigen Kaffee am besten original im Cezve auf einem Tepsi (Tablett) servieren.

Variation: Der türkische Kaffee kann zusätzlich noch mit unterschiedlichen Gewürzen verfeinern werden, wie Kardamom oder Nelken oder getrockneter Minze oder Safran.

Café Leche Leche (Brasilien)

- 2 cm Kondensmilch aus der Tube mit
- Espresso und
- einer Milchschaumhaube

Wasserglas

Die Kondensmilch in das Glas drücken und dazu den Espresso extrahieren.

Irish Coffee

- 4 cl Irish Whiskey mit
- 2 TL braunem Zucker verrühren,
- 4 cl Heißwasser dazugeben und im Glas heißdampfen lassen.
- 2 Espressi (= 6 cl) dazu extrahieren und
- so lange verrühren, bis der Zucker aufgelöst ist.
- Zuletzt halb geschlagenes Obers obenauf geben, jedoch höchstens 1,5–2 cm! Das Glas muss nun voll sein.

Original Irish Coffee-Glas, kein Löffel!

Nur im authentischen Irish Coffee-Glas servieren und nicht umrühren, sondern schichtweise trinken. Für diesen Kaffee ist ein echter irischer Whiskey unverzichtbar. Zum Kaffee passen am besten die weichen und malzigen Sorten wie etwa Killbegan, Red Chest oder Bushmills.

Variation: Der echte Irish Coffee wird mit starkem, schwarzem Kaffee (Filter, French Press) zubereitet.

Neue Kreationen ohne Alkohol

Schoko-Latte

- 1–2 cl Schokoladensauce mit
- Espresso und
- geschäumter Milch

Latte-Glas

Die Schokoladensauce auf die Innenfläche des Glases gießen, damit ein Muster entsteht. Dann erst den Espresso dazu extrahieren und zuletzt mit der geschäumten Milch auffüllen.

White Chocolate-Latte Macchiato

- 1–2 cl weißer Schokoladensirup mit
- geschäumter Milch und
- Espresso

Latte-Glas

Den weißen Schokoladensirup auf die Innenfläche des Glases gießen, damit ein Muster entsteht. Dann mit der geschäumten Milch auffüllen und erst zum Schluss den Espresso dazugeben.

Tom Tom

- 1 cl Macadamianuss-Sirup,
- 1 cl Kokossirup,
- 1 cl weißen Schokoladensirup,
- 1/8 kalte Milch sowie
- einige Eiswürfel in einen Shaker geben und schaumig schütteln. Durch ein Barsieb gießen und
- einen Espresso darüber gießen

Latte-Glas

Piccolo

- 2 Espressi im kleinen Wasserglas mit
- etwas geschäumter Milch

Kleines Wasserglas

Flat White

Das Original entstand in Australien und war wie unser Häferlkaffee ein Filterkaffee mit Milch. Heute wird Flat White bis nach London als Café Latte, aber mit einem doppelten Espresso gemacht.

Neue Kreationen mit Alkohol

Julius

- 2 cl Kahlúa Kaffeelikör mit
- kaltem Espresso,
- einer Obershaube und
- einer Schokokaffeebohne als Dekoration

Wasserglas

Latte Baileys

- 4 cl Baileys mit
- viel geschäumter Milch im Glas verrühren und
- einen Espresso dazu extrahieren.

Latte-Glas

Elisabeth

- 1 Pumpe weiße Schokosauce, darüber
- 2 cl Amaretto und
- ein Latte Macchiato – zuerst den dicken Schaum vorsichtig auf den Amaretto legen, dann die geschäumte Milch sanft über den Löffelboden eingießen, und zuletzt den frischen Espresso dazugeben.

Latte-Glas

Frangelico

- 2 cl Frangelico Haselnusslikör mit
- Espresso und
- einer Milchschaumhaube

Shotglas

Pepino's Coffee

- 3 cl Kahlúa und
- 2 cl braunen Tequila vermischen,
- 1 TL braunen Zucker unterrühren und im Glas heißdampfen.
- 2 Espressi dazu extrahieren und erst wenn der Zucker zur Gänze aufgelöst ist,
- halb geschlagenes Obers in einer Höhe von 1–1,5 cm darauf legen

Latte-Glas, kein Löffel!

Nicht umrühren! Das Getränk muss schichtweise getrunken werden.

Black Russian Mokka

- 2 cl Kahlúa sowie
- 4 cl Wodka in ein Glas gießen,
- einen Espresso auf Eis rühren und durch einen Strainer (Barsieb) in das Glas leeren, zuletzt
- Eiswürfel dazugeben.

Kleiner Tumbler (Whiskeyglas)

White Russian Mokka

- 2 cl Kahlúa sowie
- 4 cl Wodka in ein Glas gießen,
- einen Espresso auf Eis rühren und durch einen Strainer (Barsieb) in das Glas leeren,
- Eiswürfel dazugeben, zuletzt
- halb geschlagenes Obers über einen Löffel dazugießen, bis zu einer Höhe von 2 cm.

Kleiner Tumbler (Whiskeyglas)

Hoffmanns Nuss

- 1 Kugel Vanilleeis mit
- 2 Espressi und
- einer Schlagobershaube, zuletzt
- 2–4 cl Hoffmanns Walnusslikör darüber gießen (oder auch einen anderen Nusslikör)

Wasserglas (Tumblergröße)

Galliano Hot Shot

- 2 cl Galliano Vanillelikör mit
- Espresso und
- einer Milchschaumhaube

Shotglas oder Dessertweinglas

Eggnot Shot

- 2–3 cl Eierlikör mit
- Espresso und
- einer Milchschaumhaube

Shotglas

Babuschka

- 6 cl Wodka mit
- 3 cl Kahlúa,
- einem doppelten Espresso und
- 2 cl Kaffeesahne

Wasserglas (Tumblergröße)

Tipps mit „Schlagobers"*

Die folgenden beiden Rezepte eignen sich für die Zubereitung im iSi Creative Whip, iSi Gourmet Whip PLUS, iSi Cream Profi Whip PLUS, iSi Thermo Whip PLUS und iSi Thermo XPress Whip.

Indian Chocolate Topping

- 370 ml Obers (mind. 32–36% Fett)
- 100 ml MONIN Dark Chocolate Sauce
- 30 ml MONIN Cardamome Sirup

Zubereitung

Alle Zutaten in einem Messbecher mischen, kosten und bei Bedarf abändern. Dann in das iSi-Gerät (0,5 l) füllen. Eine iSi-Sahnekapsel aufschrauben und kräftig schütteln, bis die gewünschte Konsistenz erreicht ist. Sofort servieren (gekühlt bis zu 1 Woche lagerfähig).

Serviervorschlag

Einen kräftigen Espresso oder einen Latte Macchiato mit dem Topping krönen.

Irish Cream Topping

- 340 ml Obers (mind. 32–36% Fett)
- 100 ml MONIN White Chocolate Sauce
- 60 ml MONIN Irish Cream Sirup

Zubereitung

Alle Zutaten in einem Messbecher mischen, kosten und bei Bedarf abändern. Dann in das iSi-Gerät (0,5 l) füllen. Eine iSi-Sahnekapsel aufschrauben und kräftig schütteln, bis die gewünschte Konsistenz erreicht ist. Sofort servieren (gekühlt bis zu 1 Woche lagerfähig).

Serviervorschlag

Einen kräftigen Espresso oder einen Latte Macchiato mit dem Topping krönen.
Werden Sie kreativ und probieren Sie verschiedenste Saucen, Sirups, Pürees oder Essenzen aus. Will man das Obers cremiger, kann ein Anteil Milch statt Obers zugefügt werden. Auch Mascarpone oder Joghurt kann beigemischt werden.

* Obers, das - ostösterreichisch für *Sahne*

So verwenden Sie Ihr iSi-Gerät richtig

Füllen Sie das iSi-Gerät (maximale Füllmenge beachten). Falls die Masse Kerne, Stücke oder Fruchtfleisch enthält, vor dem Füllen durch iSi-Funnel + Sieve oder ein Haarsieb passieren!

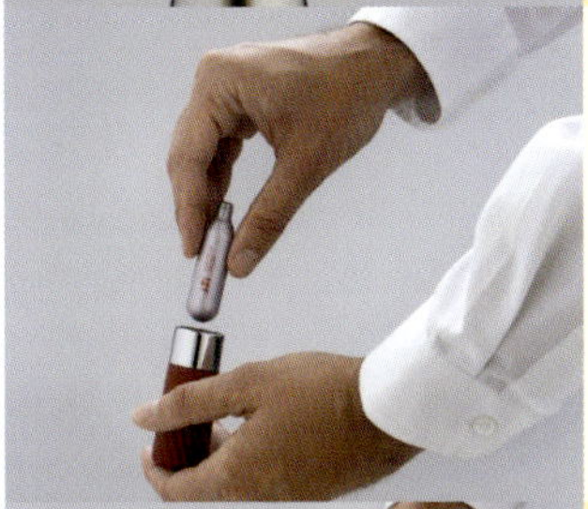

Setzen Sie die iSi-Sahnekapsel in den Kapselhalter ein. Für höchste Qualität verwenden Sie daher immer original iSi-Kapseln.

Schrauben Sie den Kapselhalter mit der integrierten iSi-Sahnekapsel auf das Gerät auf.

Schütteln Sie das iSi-Gerät, entfernen Sie den Kapselhalter und recyceln oder entsorgen Sie anschließend die iSi-Sahnekapsel.

Halten Sie das iSi-Gerät kopfüber (Garniertülle zeigt nach unten) und dosieren Sie Portion für Portion mittels Drücken des Hebels.

Hinweis: *Für ein 1 l iSi-Gerät die Zutaten verdoppeln. Nacheinander zwei iSi-Sahnekapseln aufschrauben und nach jeder Kapsel gut schütteln.*

Koffeinfreier Kaffee

Koffein ist für manche Menschen schwer verträglich. Es gibt auch Situationen oder Zeiten, in denen dessen anregende Wirkung nicht geschätzt wird. In diesen Fällen greift man zu koffeinfreiem Kaffee, dessen Bohnen auf physikalischem Weg der Großteil des Koffeins entzogen wurde. Die Behandlung vor dem Rösten ist wichtig, da es erst während des Röstprozesses zur Aromabildung kommt und ein nachträglicher Einsatz zu Aromaverlusten führen würde. So bleibt auch der typische Geschmack nach der Entkoffeinierung erhalten.
Der Grenzwert, nach dem ein Kaffee koffeinfrei genannt werden darf, liegt bei einem Gramm pro Kilogramm. Das bedeutet, eine Tasse unbehandelten Kaffees entspricht etwa 15 Tassen koffeinfreien Kaffees.

Es gibt mehrere Verfahren, zu koffeinfreiem Kaffee zu gelangen, das Prinzip ist aber immer vergleichbar. Entwickelt wurde das erste Verfahren von Ludwig Roselius und seinen Mitarbeitern. Seine Kaffee-Handels-Aktiengesellschaft (Kaffee Hag), die diesen Kaffee erstmals vertrieb, wurde in der Folge zum Synonym für koffeinfreien Kaffee. Rohkaffeebohnen werden heißem Wasserdampf ausgesetzt, wodurch die Zellstruktur der Bohnen durchlässiger wird. Nun kommt je nach Verfahren ein Lösungsmittel oder Extraktionsmittel zum Einsatz, etwa Dichlormethan, Kohlendioxid, Wasser mit Aktivkohle oder Ethylacetat, das sich mit Koffein anreichert. Danach wird das Lösungsmittel vom Koffein gereinigt und wieder zugesetzt. Durch diesen mehrmaligen Kreislauf wird den Bohnen der Großteils des Koffeins entzogen. Abschließend werden die Bohnen wieder mit Wasserdampf gereinigt und einer Trockenphase unterzogen. Dann sind sie bereit für das Rösten. Eine Alternative zu koffeinfreiem Kaffee sind koffeinarme Kaffeesorten. Diese wurden nicht behandelt. Der Koffeingehalt ist niedriger als der herkömmlichen Kaffees, übersteigt jedoch noch immer den gesetzlichen Höchstwert.

Kaffee verkosten

Aus aller Welt kommen die unterschiedlichsten Kaffeearten, und sie werden auf verschiedene Weise zubereitet. Daher ist es nötig, den Kaffee zu verkosten. Ist er eher leicht oder vollmundig, und wie steht es mit der Säure?
Kaffee wird schon im Ursprungsland zum ersten Mal verkostet, um die Qualität zu bestimmen. Die Verkoster benutzen dazu eine besondere Ausrüstung: einen oder mehrere Proberöster, eine Mühle, einen Wasserkocher, viele gleich große Tassen, Spucknäpfe, Wassergläser, tiefe Verkostungslöffel und Proben der gerösteten und ungerösteten Kaffeesorten. Heutzutage kommen mitunter noch Messgeräte für den Feuchtigkeitsanteil hinzu und sogar solche, die chemische Zusammensetzung ausweisen.
Die Bohnen selbst zeigen für das geübte Auge deutliche Unterschiede. Was den Geschmack betrifft, so lässt sich Kaffee aus unterschiedlichen Regionen grob klassifizieren. Viele Jahre Erfahrung sind nötig, um ein geübter Tester zu werden. Zum Vergleich: Beim Wein sind die Aromen meist leichter zu bestimmen, weil er durch den Alkohol länger am Gaumen haften bleibt.

Kaffee-Verkostung im Ursprungsland

Der Verkoster bewertet zuerst die grünen Bohnen nach dem Aussehen und untersucht sie nach optischen Fehlern. Danach werden sie in kleinen Musterröstmaschinen eher hell geröstet. Dann wird gekostet („*cupping*"). Für jede Probe werden mehrere frische Tassen verwendet. Das grob gemahlene Kaffeemehl kommt in die Tassen und wird mit heißem Wasser aufgegossen. Es bildet sich eine Kruste an der Oberfläche, deren Duft auf einem Verkostungsbogen („*taste sheet*") bewertet wird.

Anschließend wird die Kruste gebrochen und erneut daran gerochen. Der Sud sinkt auf den Tassenboden, restliche Krümel werden abgeschöpft. Der Verkoster zieht mit laut hörbarem Schlürfen einen Löffel voll Kaffee in den Mund, denn durch das „Vaporisieren" können die feinen Aromen besser von der Nase aufgenommen werden. Die Geschmacksrezeptoren auf der Zungenoberfläche sind nicht so empfindlich und bestimmen lediglich die Geschmacksrichtungen süß, sauer, bitter, salzig und „umami". Dann wird die Probe ausgespuckt und die Prozedur wiederholt sich an sämtlichen weiteren Proben. Dabei bewertet man auf einer Skala von 1 bis 5, 1 bis 6 oder auch 1 bis 10.

Bei Verkostungen in der Rösterei wird der Kaffee so geröstet und verkostet, wie er später von den Kunden verwendet werden soll.

Verkosten zu Hause

Kaffeeverkosten wie die Profis kann man auch zu Hause. Um die Finessen erkennen zu lernen, braucht es zwar viel Erfahrung, doch grundlegende Unterschiede sind auch für einen Laien leicht wahrnehmbar. So lernt man schnell zwischen den einzelnen Varianten zu unterscheiden, um die persönliche Lieblingssorte herauszufinden. Mit etwas Übung wird man in weiterer Folge auch selbst interessante Mischungen zusammenstellen können. Doch vorab gilt es einmal – wie bei der Weinverkostung – das korrekte Vokabular zu meistern.

Bewertungskriterien einer Verkostung

Der Kaffeehandel wird zum überwiegenden Teil über die New Yorker und Londoner Börse abgewickelt. Deshalb haben sich bei der Bewertung der Bohnen und des Kaffees auch englische Begriffe eingebürgert.

- Wichtig ist zuallererst die **Sorte** und die **Aufbereitung** („*Type*“): Zwischen einem gewaschenen und einem trocken aufbereiteten Kaffee liegen Welten.

- Bei der **Reinheit** („*Clean Cup*“) wird bewertet, ob man nur den Kaffee in der Tasse schmeckt oder ob es Fremdeindrücke und Fehler („*Defects*“, z.B. Unreife oder Fermentation) gibt.

- Beim **Geschmack** („*Taste*“) bestimmt man die grundsätzliche Ausrichtung des Kaffees, die mit der Zunge und den Geschmacksnerven wahrgenommen werden kann.

- Der **Körper** („*Body*“) wird durch das taktile Gefühl im Mund bestimmt, wobei die geschmacklichen Komponenten nicht berücksichtigt werden.

- Bei der **Süße** („*Sweetness*“) wird die natürliche Süße des Kaffees beurteilt, die Aufschluss über die Reife bei der Ernte geben kann.

- Bei der **Säure** („*Acidity*“) wird der Eindruck bewertet, den die Fruchtsäuren beim Verkosten hervorrufen, denn sie stehen für Lebendigkeit und Vielseitigkeit.

- Mit den **Aromen** („*Flavor*“) bewertet man das Spektrum der Aromen und deren harmonische Zusammensetzung. Zur Bestimmung braucht man die Nase – deshalb wird bei der Verkostung auch gerochen und der Kaffee im ganzen Mundraum verteilt.

- Der **Abgang** („*Aftertaste*“) gibt Auskunft darüber, wie lange sich der Kaffee im Mund hält und ob der Nachgeschmack angenehm ist.

- Die **Balance** schließlich bewertet das Zusammenspiel der einzelnen Komponenten und die **Vollmundigkeit** („*Fullness*“) gibt an, ob diese Bestandteile in der Summe einen starken oder schwachen Eindruck hinterlassen.

- Der **Gesamteindruck** („*Overall*“) fasst das abschließende Urteil des Verkosters zusammen.

Eine Kaffeeverkostung sollte zumindest drei oder mehr verschiedene Kaffeequalitäten enthalten und macht mit Freunden noch mehr Spaß. Bei den ersten Verkostungen sollte man nicht zu sehr auf die feinen Nuancen achten, sondern auf die wichtigen Charakteristika, etwa ob der Kaffee aus Ostafrika oder Asien kommt. Ein Kaffee aus Kenia zum Beispiel hat eine zitrusartige Säure, aber eher weniger Körper, während ein Kaffee aus Java wiederum sehr kräftig und würzig ist. Für jeden Kaffee benötigt man eine Tasse mittlerer Größe. Wenn es professionell zugehen soll, dann schadet auch ein Pappbecher als Spucknapf nicht. Obwohl das Verkosten auf Englisch „*cupping*" heißt, bevorzugen manche Verkoster klare, nicht farbige Gläser statt Tassen, denn darin lässt sich der aufgebrühte Kaffee besser beobachten. Gläser mit weiter Öffnung sind zu bevorzugen, denn dadurch wird es leichter, das Aroma zu erkennen. Bei Weingläsern ist es genau umgekehrt: Sie sollten unten eher bauchiger und am oberen Rand enger sein. Natürlich benötigt man auch Bewertungsbögen, zum Beispiel mit den auf der vorigen Seite angeführten Kriterien. Für jeden Tester und jede Tasse wird nun ein Esslöffel voll Kaffeebohnen gemahlen. Wer es ganz genau nehmen will, misst pro Portion etwa zehn bis zwölf Gramm ab – man rechnet mit 50 bis 65 Gramm Kaffeemehl pro Liter Wasser. Das Kaffeemehl sollte gröber als Filterkaffee sein. Dadurch kann sich das Aroma optimal entfalten. Die Einstellung für Espresso wäre zu fein, damit würden zu viele Bitterstoffe gelöst werden; bei zu grob gemahlenem Kaffeemehl können sich die Aromen nicht gut entwickeln (siehe Extraktion, Seite 125ff., und Mahlen, Seite 73ff.).

Wenn eine Bohnenart gemahlen ist, muss man die Mühle sehr sorgsam wieder reinigen, bevor die nächste Art gemahlen wird. Um sicherzugehen, dass sich die Kaffees nicht vermischen, kann man auch eine geringe Menge der zweiten Variante mahlen und dann die Mühle auspinseln, damit alle Reste der ersten Bohne verschwunden sind. Anschließend schreibt man den Namen des Kaffees auf ein Blatt Papier und legt es unter die Tasse.

Danach erhitzt man frisches Leitungswasser. Den Kessel kurz vor dem Aufkochen vom Herd nehmen und den Kaffee damit aufgießen. Wenn man in

Verkostungsvokabular (Beispiele)

Geschmack:	*süß, salzig, bitter, „umami", sauer, prickelnd, kräftig, mild, weich, samtig, harsch, adstringierend etc.*
Körper:	*wenig Körper, voller Körper, gehaltvoll etc.*
Säure:	*sauer, fruchtig, adstringierend etc.*
Fehler:	*sauer, grasig, muffig, fermentiert etc.*
Aroma:	*mild oder stark, schokoladig, karamellig, malzig, blumig, fruchtig, würzig, nussig, holzig, tabakig, verdorben, aschig, rauchig, verbrannt, chemisch, medizinisch etc.*
Gesamteindruck:	*neutral, würzig, scharf etc.*

einer Gegend mit sehr hartem Wasser wohnt, sollte das Wasser vorgekocht werden. Die Temperatur sollte bei jeder Probe gleich sein: Wenn sich das Wasser im Laufe der Verkostung abkühlt, wieder bis kurz vor dem Kochpunkt erhitzen. Auch die Wassermenge sollte dieselbe sein und die Tasse bis etwa einen Zentimeter unterhalb des Randes gefüllt werden. Achtung: nicht umrühren!

Zunächst wird der Geruch beurteilt und der erste Eindruck notiert. Dafür genügen schon zwei bis vier Sekunden. Zeigt sich der Kaffee muffig, erdig, blumig oder ganz anders oder gar alles zusammen? Diesen Vorgang wiederholt man mit allen Tassen, die verkostet werden sollen.

Danach bricht man die Kruste, schnuppert nochmals, schöpft Krustenreste ab und rührt erstmals vorsichtig um. Den ersten Schluck sollte man eher schlürfen als trinken: Der Kaffee soll geradezu im ganzen Mund „versprüht" werden, um einen Eindruck seiner Säure und seines Körpers zu geben. Am besten zieht man den Schluck durch die Zähne schnell, stark, aber kurz auf, um sich nicht zu verschlucken. Gute Manieren sind hier fehl am Platz!

Nun kann man den Körper und die Säure des Kaffees bewerten. Ist der Kaffee unangenehm sauer, lässt das eventuell auf eine zu helle Röstung oder Unterextraktion schließen. Angenehme, fruchtige Säuren dagegen machen den Kaffee erst „lebendig". Wer noch mit dem Schluck auf der Zunge durch die Nase ausatmet, kann durch die Nase noch weitere Aromen „erriechen" und bestimmen.

Man kann den Ablauf auch wiederholen, denn beim zweiten Kosten werden sich durch den inzwischen etwas abgekühlten Kaffee neue Eindrücke ergeben. Dann muss man auch nicht mehr so vorsichtig, sondern kann ohne Weiteres etwas schneller verkosten, um auf unterschiedliche Noten und die individuellen Seiten der Probe besser achten zu können. Man sollte rasch von einer Probe zur nächsten gehen, da das Kurzzeitgedächtnis beim Vergleichen sehr hilfreich ist.

Kaffeearomen

Erfahrene Verkoster haben ein bestimmtes Vokabular, mit dem sie die Eigenschaften und Geschmacksrichtungen eines Produktes wie Wein, Schokolade, aber auch Kaffee beschreiben können. Im Lauf der Zeit hat man sich auf gewisse Ausdrücke geeinigt. Besonders Anfänger lassen sich dadurch leicht abschrecken, doch auch Profis ringen oft mit den Worten. Ausdrücke wie „sauer", „pikant", „blumig" oder „Nussnoten" sind nachvollziehbar, doch manchmal werden ebenfalls sehr subjektive Wertungen benutzt.

Um diesem Begriffswirrwarr abzuhelfen, wurde in den USA das „Aromarad" entwickelt. Aromaräder gibt es bereits seit den 1970er-Jahren in der Lebensmittelindustrie für verschiedene Produkte. Es handelt sich dabei um ein standardisiertes System zur sensorischen Beschreibung. Dieses Aromarad, im Original „*Nosing Wheel*", soll auf einfache Weise bei der Suche nach den richtigen Begriffen helfen. Es gibt eine Vielzahl von unterschiedlichen Duft- und Geschmacksnoten im Kaffee und jede Beschreibung muss sehr individuell gesehen werden. Manche Noten werden etwa persönliche Erinnerungen wachrufen, die nur der Verkoster selbst kennt. Das Aromarad fungiert in dieser Hinsicht als Übersetzer und bietet ein Grundgerüst an.

Der innere Kreis beschreibt die Hauptgeschmacksrichtungen wie süß, sauer, salzig oder bitter. Die jeweils äußeren Kreise differenzieren immer weiter und können schon sehr individuell ausgerichtet sein. Schließlich kann man auch noch eigene Begriffe verwenden. Der Fantasie sind hier keine Grenzen gesetzt.

Kleiner Helfer: Kaffeearomen & Verkostungsnotizen

Floral	Jasmin, Lavendel, Hagebutte, Hibiscus, Hollunderblüte, Orangenblüte, Bergamot	
Fruchtig	Zitrus	Zitrone, Limette, Grapefruit, Mandarine, Orange
	Apfel/Birne	grüner Apfel, roter Apfel, Birne
	Melone	Wasser-Zucker-od. Honigmelone
	Trauben	weiße, rote, grüne Trauben
	Tropisches	Lychee, Sternfrucht, Maracuja, Mango, Papaya, Kiwi, Banane, Ananas, Tamarind
	Steinfrucht	Pfirsich, Marille, Nektarine, Pflaume, Kirsche, Weichsel
	Beeren	Erdbeere, Himbeere, Blaubeere, Brombeere, Cranberry, Johannisbeere, Ribisel, Preiselbeere
	getrocknete	goldene Rosine, Sultanine, getrocknete Feigen, Datteln, getrock. Marillen, Pflaumen
Süßes	Vanille, Honig, Zuckerrohr, Zuckerwatte, Karamel, Ahornsirup, Molasse, brauner Zucker	
Schokoladig	90% Schoko, Kakaopulver, Haushaltsschoko, Nougat, Kakaonibs, Milchschoko	
Nussig	Mandel, Haselnuss, Pecan, Cashew, Erdnuss, Walnuss, Pistazie, Pinie	
Getreide	frisches Brot, Roggen, Graham, süßer Teig, Weizen, Malzig, Hafer, dunkles Brot - getoastet	
Gewürze	Nelke, Lakritze, Muskat, Koriander, Ingwer, Pfeffer, Zimt, Curry	
Pikant, Umami	Tomate, getrocknete Tomate, Sojasauce, Umami, Leder	
Kräuter/Gemüse	Hopfen, Minze, Pilze, Erbse, Grüntee, Schwarztee, grüner Pfeffer, Kürbis, Heu,	
Grünes	frisches Holz, Tabak, Zedern, Erde, Gras, Salbei, Stroh	
Körper	leicht	wässrig, Tee-artig, seidig, glatt, saftig
	medium	weich, sirupartig, rund, cremig
	schwer	voll, samtig, dicht, zäh
Defekte	schimmelig, rohe Kartoffel, Asche, Fisch, Holzkohle, Pappe, Medizin, Phenol, Gummiabrieb, Essig, Diesel, ranzig, Kompost, modrig	
Adjektive	knackig, lebhaft, komplex, dicht, tief, fruchtig, langanhaltend, klar, balanciert weich, delikat, strukturiert, abgerundet, flach, leicht, unbalanciert, hantig, harsch	

Kaffee im Internet

Das Internet hat für den Kaffeehandel und die Käufer enorme Vorteile. Kein stationäres Geschäft kann ein derart großes Sortiment anbieten. Billiger kauft man im Internet zwar nicht ein, aber es ist leichter möglich, zu exklusiven Sorten zu kommen.

Natürlich ist der Kauf im Internet Vertrauenssache, doch engagierte Händler erkennt man oft schon an ihrer Website. Wenn sie übersichtlich ist, viele zusätzliche Informationen bietet und gewissermaßen mit Liebe erstellt und gepflegt wird, kann man davon ausgehen, dass der Händler auch mit seinen Waren entsprechend umgehen wird. Viele Shops versenden innerhalb weniger Stunden. Achten sollte man auch darauf, dass das Sortiment zielgerichtet ist. Wer einen bunten Laden im Internet betreibt, hat oft nicht die volle Fachkompetenz im Spezialgebiet. Zu allen Produkten sollten ausreichend Informationen vorhanden sein, der Bestellvorgang bzw. der Warenkorb übersichtlich und eine schnelle Abwicklung gewährleistet sein. Zuletzt sollten auch die Zahlungsmöglichkeiten und deren sichere Übermittlung beachtet werden.

Speciality Coffeeshops

Alle Third Wave Röster auf einen Blick: http://map.thirdwavewichteln.com/

Maschinen und Zubehör

Kaffeemaschinen, Mahlwerke, Tamper und noch mehr Barista-Spielzeug

www.espresso-fix.com
www.espressolutions.at
www.espressokultur.at
www.espresso-factory.ch

Wissenswertes aus der Kaffeewelt

www.worldbaristachampionship.com
Alles rund um diverse Meisterschaften und Wettbewerbe

www.scae.com
Die offizielle Seite der *Speciality Coffee Association of Europe*

www.cupofexcellence.org
Ablauf des Wettbewerbs und alle Infos rundherum

www.kaffee-wirkungen.de
Die gesundheitlichen Aspekte des Kaffeekonsums stehen im Mittelpunkt.

www.ico.org
Auf der englischsprachigen Seite der *International Coffee Organisation* finden sich internationale Statistiken und Infos zu Transport und Handel.

www.coffeestrategies.com
Englischsprachige Seite über die wirtschaftlichen Aspekte des Kaffees.

Blogs und Foren

Deutsch
www.wolfredo.de
www.kaffee-netz.de

Englisch
www.toomuchcoffee.com
www.baristaexchange.com
www.jimseven.com
www.hasblog.co.uk
www.coffeegeek.com

Sie wissen noch nicht, welche Zubereitungsart für Sie passt?
Sie haben eine Espressomaschine, aber keine Kontrolle über die Extraktion?
Sie möchten einen Coffeeshop eröffnen und brauchen Training und Kaffee?

Dann sind Sie bei mir richtig.

„Seit 20 Jahren bin ich in der Kaffeebranche tätig. Technik und Sensorik sind meine Spezialgebiete. Mein Ziel ist, die Kaffeequalität zu verbessern. Das beginnt bei der Wahl des direkt gehandelten Rohkaffees für meine Rösterei, umfasst aber auch den Erfahrungsaustausch mit Farmern und Röstern sowie die Beratung für Espressomaschinenhersteller und Jungunternehmer, die einen Coffeeshop planen. Schon oft bin ich von den Medien für Maschinen- und Kaffeetests herangezogen worden. Meine Zielgruppe ist der Kaffeegenießer genauso wie der Gastronom. Ich bringe meinen Schülern und Kunden bei, sensorisch, also am Geschmack des Kaffees, zu erkennen, wie man die Geräte auf den jeweiligen Kaffee einstellen muss, um das Beste aus den Kaffeebohnen herauszuholen."

Die Vienna School of Coffee ist eine Schule für Baristi, Kaffeeliebhaber und Gastronomen. Die Zahl der Kursteilnehmer wird klein gehalten, um individuelle Hilfe und Beratung anbieten zu können. Die Inhalte werden den neuesten Techniken angepasst und gearbeitet wird auf den modernsten Maschinen mit frisch gerösteten Kaffees.
Diverse Kurse finden Sie auf www.viennaschoolofcoffee.at

Johanna Wechselberger

- Kaffeerösterin
- SCAE Masterbarista (Level3)
- SCAE authorized Trainer & Certifier
- Gold Cup Brewmaster
- Juror bei Cup of Excellence
- Juror bei nationalen und internationalen Championships
- Autorin von „Das Kaffeebuch, für Anfänger, Profis & Freaks", „The Ultimate Coffeebook", „Filterkaffee" und demnächst „Espressomaschinen richtig bedienen".
- Vize-Weltmeisterin Chesve/Ibrik Championship 2010, London (mit R. Grebien)
- Vize-Weltmeisterin Chesve/Ibrik Championship 2009, Köln (mit R. Grebien)
- Staatsmeisterin Ibrik-Championship 2009 (mit R. Grebien)
- Vize-Staatsmeisterin Barista Championship 2009
- Vize-Staatsmeisterin Coffee in Good Spirits Championship 2009
- 4. Platz als Team bei den European Team Barista Challenge 2008, Triest
- Vize-Staatsmeisterin Coffee in Good Spirits Championship 2007

Filterkaffee

wieder voll im Trend

erschiedene neue Arten, Filterkaffee zu brühen, und speziell geröstete Kaffees ebnen den 'eg für ein neues, spannendes Kaffeevergnügen. Hier erfahren Sie alles, was es über Filter-affee zu wissen gibt und warum es sich zu „filtern" lohnt.

Wie findet man die **passenden Kaffeebohnen** für Filterkaffee? **Welche Geräte** braucht man zur korrekten Zubereitung? **Mahlgrad, Menge, Temperatur, Brühzeit** – was muss ich beachten? **Rezepte** von bekannten **Baristi, Brewbars, Verkostungshilfen**

b Filterneuling oder fortgeschrittener Homebrewer" – das Buch für alle affeetrinker, die eine köstliche Tasse affee zu schätzen wissen.

9 783991 001065

Johanna Wechselberger
Filterkaffee
€ 14,90 | ISBN 978-3-99100-106-5

Register